評伝 堀田正睦

土居良三

国書刊行会

正誤表（『評伝堀田正睦』）

	誤り	訂正
九頁後7行目	叔父佐野藩主堀田摂津守	叔父を削除
一九頁前4行目	その子正順《まさよ》もまた同様、	その子正順《まさあり》もまた同様、
八四頁前6行目	警戒したからあった。	警戒したからであった。
一二〇頁後8行目	（『堀田正睦外国掛中』）	（『昨夢紀事』）
一二七頁後8行目	大学をで、エリート外交官	大学をでたエリート外交官
二四三頁後5行目	ロシア軍艦パラルダ号	ロシア軍艦パルラダ号
二五四頁後8行目	「厄介丸と朝日丸」堀田正睦	「厄介丸こと朝日丸」安達裕之

堀田正睦肖像(堀田家蔵)

現在の佐倉中学校正門付近にあった佐倉城追手門(明治５年、菅谷義範氏蔵)

佐倉城本丸跡(現在の佐倉城址公園)

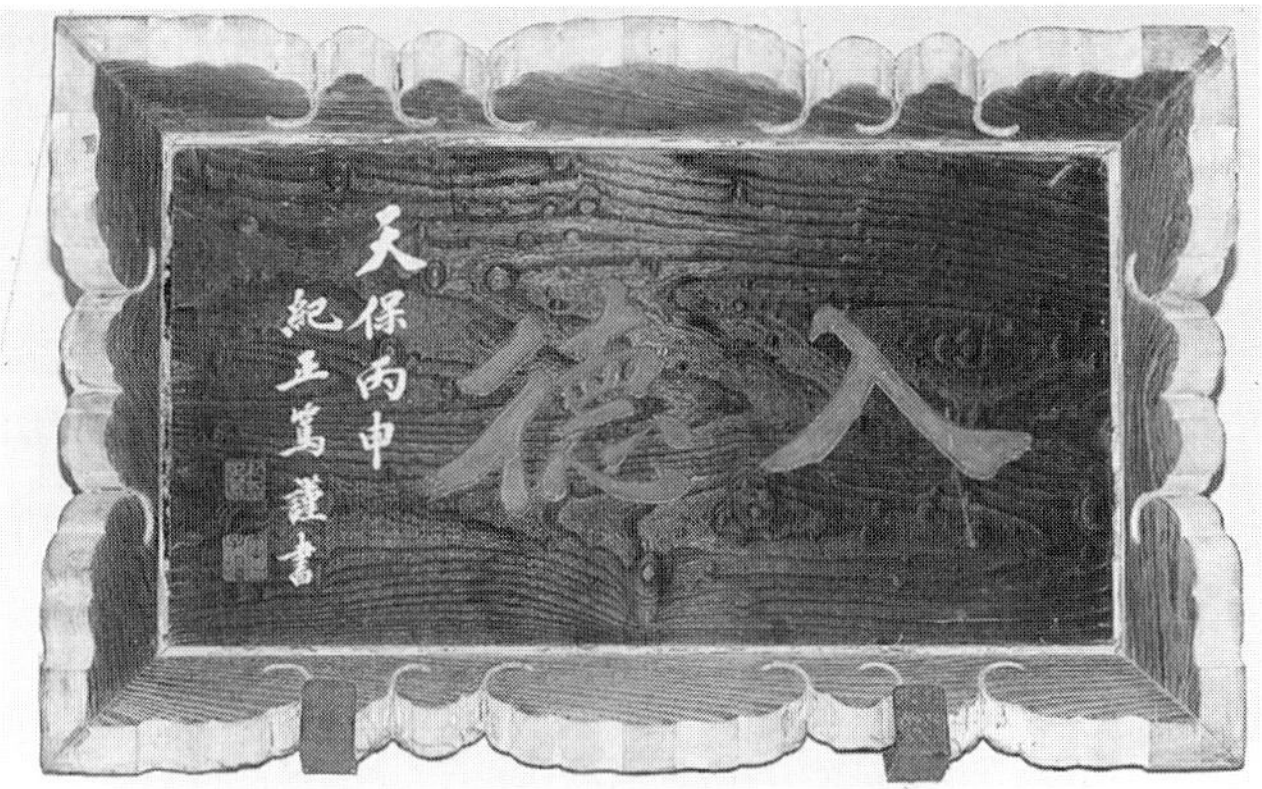

堀田正睦書の篇額（佐倉高校蔵）

下総國[illegible]郡佐倉領分之内
高千石事　為成徳書院領
寄附之訖全可有収納者也
仍如件
佐倉侍従紀正睦

堀田正睦判物（佐倉高校蔵）

正睦正母源田芳の墓（佐倉市甚大寺）

正睦終焉の地となった佐倉城三ノ丸御殿跡(佐倉城址公園)

堀田正睦の墓(佐倉市甚大寺)

序文

和辻哲郎文化賞を獲得した土居良三さんの『咸臨丸海を渡る―曾祖父・長尾幸作の日記より―』が未来社から刊行されたのが一九九二年十一月のことだから、東大法学部の三谷太一郎氏に同氏を紹介されたのは、それより少し以前のこととなるだろう。

私は、研究の対象を幕末維新としてはいるものの、ペリー来航時に特に焦点を合わせているものではなく、それほど土居さんのお役に立つほどのお手伝ができたわけではない。土居さんの色々な角度からの自由闊達な発想、質問に、知っている範囲でお答えをし、また私の意見を率直に述べたにすぎない。逆に、学問的な交流を重ねる中で、七十歳を過ぎてはじまった土居さんの史伝的業績が、木村喜毅、勝海舟、阿部正弘、そして今回の堀田正睦と、螺旋状に深化していくのを、なかば驚嘆の思いでみつづけてきたのである。

史伝を書くには、私は二つの能力が必要だと思っている。一つは、その時代のにおいをかぐ能力である。この能力がないと、人物が生きてこない。その能力を体得するため、通常では大量に史料を読み、現場を踏む。この蓄積が勝負となる。しかし土居さんは、咸臨丸に乗り、文久三年末には上海に密航した医師長尾幸作が実の曾祖父であり、まだその家の伝承が生きづいていた時代に青春を過すことができた。広い意味での同時代意識を共有しえた最後の世代の人間なのである。

あと一つは、史料から史実を史実としてきちんと読み解く能力である。別のいい方をすれば、実証能力・史料批判能力といってもいい。読者の中には陳腐なことだと感じる向きもあるかも知れないが、これは決定的ともいうべき大切な能力である。とりわけ、幕末維新期という特別魅惑的な時代でのつまずきのきっかけは、ほとんどの場合、一つの手掛かりから、すぐに臆測をはたらかせようとする処にあるからである。しかし、臆測に臆測を重ねて出てくるのは史実ではない。臆測に臆測を重ねて出てくるのは妄想でしかない。

土居さんの仕事を読んで一番安心できるのは、史料からの史実の導き出しに思い込みがなく、強引さがなく、飛躍がなく、そして合理的なことである。また一つの史料に自分の主観を無理やりに押込もうともしない。その代わりに、史料を丹念に集め、吟味し、着実に積み重ね、ゆるぎない形で史実を立体化、構成化していくのである。

今回の『評伝堀田正睦』は、土居さんの十年以上かけて研究してきた「幕末開国史」の総括編となるものである。世にある史伝の多くは、執筆者がその特定人物の愛好者か、あるいはその特定人物の研究者というものだが、本書の場合は全く異なる。これまでの一連の開国史人物研究の中でしっかりとつかんだ時代総体のにおいと時代のダイナミックな論理の中で、堀田が担わされた特殊歴史的課題とは何であったかを、鋭角的に論じるところにその本質があるのである。そして、そのことは同時に、堀田が主導して展開した佐倉藩の蘭学と藩政改革、筆頭老中としての俊英幕臣の駆使能力、更には堀田の人間性そのものの検討が不可避となることでもある。土居さんのご苦労に感謝したい。

平成十五年三月

国立歴史民俗博物館館長　宮地正人

はじめに

今からちょうど一五〇年前の嘉永六年(一八五三)、ペリー浦賀来航のあと、老中首座阿部伊勢守正弘は七月朔日、在府の大名たちに総登城を命じた。三代将軍家光以来二百余年の鎖国を解き、ペリーの要求する開国に応じるべきか否かを一同に問うたのである。

この後、大名のみならず、幕臣から一般士民まで、自由に答申を許された中で、もっとも積極的開国論をブッたのが、本篇の主人公佐倉藩主堀田備中守正睦《まさよし》(当時正篤《まさひろ》)であった。

堀田家は家光の信任厚かった正盛、同じく五代綱吉に重用された正俊以来たびたび老中を出していて、井伊、本多、榊原、酒井の四家につぐ家柄であり、正睦も既に老中を経験していてこのとき溜の間詰という、将軍にもっとも近い地位にいた。

誰にも遠慮せず将軍にものがいえる立場にあったのである。堀田が自信を持って発言できたのは、その家柄、地位とオランダを通じて先進列強の事情をよく知っていたからで、それは医術に始まり、近代科学に基づく軍事力の恐るべきことをすでに知っていた。

当時幕府にあってこれを評価したのは、阿部とその顧問格の筒井肥前守政憲の二人と思われる。とくに阿部はよくいってくれたと心中思ったのではないか。二年後、自ら退いて老中首座に堀田を招いたのであった。

安政二年十月大地震の直後、十三代将軍家定の上使を迎えて数日あと、堀田は登城して老中首座についた。開国して欧米先進諸国と交わり、進んで通商すべしと唱えた二年前の主張を、自ら実行することは武士の本懐でもあった。そうはいっても、首座となったその日からすべてを任されたわけでもない。現実には阿部が実権を握っていて、まず外交関係を堀田に任せるようになる。一年後の十月二十日、堀田は新設の貿易取調掛の長となり、彼自身念願のアメリカとの通商条約締結に向かう。

アメリカはこの交渉のため総領事タウンゼント・ハリスをその夏下田に送っていた。彼は大統領親書を直接将軍に手渡したいと主張、上府を奉行井上信濃守清直に迫っていた。

阿部の死後、堀田は幕府内外を説得してそれを実現し、つづいてハリスと井上、目付岩瀬肥後守忠震《ただなり》との間で日米修好通商条約交渉が始まり、年を越えて妥結した。あとは日米両国代表の調印署名を待つばかりという段階になって、堀田たちのまったく予想しなかった事態が起きた。

第一は、条約の内容に不満な孝明天皇の強硬な反対である。天皇は二百余年「夷狄」に対して国を閉ざしていた日本が、自分の代になってその威に屈し国を開くことは、皇祖皇宗に対し申しわけないと信じたからである。

第二は将軍継嗣に誰を推すかの問題である。徳川斉昭《なりあき》の第七子、当時一橋家の養嗣となり刑部卿《ぎょうぶきょう》を称していた慶喜《よしのぶ》（二十二歳）を推す水戸派と、井伊掃部頭直弼《かもんのかみなおすけ》を首領とする南紀派とが対立した。堀田は松平越前守慶永に説得されて水戸派に傾いたが、井伊等は血統の上でより家定に近い、紀州徳川家の慶福《よしとみ》（十三歳）を推した。

将軍の器量か、血統か、という両派の争いが右の条約調印と絡んで重大な政治問題となったのである。

この二つを如何に処理するかが、老中首座堀田正睦の双肩にかかって来た。

結果として、堀田はいずれにも失敗し実権を井伊に譲った。しかし、個人的には二人は以前から親しく、井伊は大老となったあとも、すぐには堀田を老中の地位から動かそうとはしなかった。いずれ老中を退いたあとは、御幼主慶福養育の責任者にと考えていたが、安政五年六月十九日調印の後日無勅許の罪を堀田と松平忠固《ただかた》に着せ、二人を免職した。この経緯は本文に詳しい。

堀田の幕府老中としての公式生涯はここに終わるのであるが、同時に彼の畢生の志、日本の開国はこのとき達成されたのであった。

今日の貿易日本の源を開いたのが堀田正睦であることを右に述べたが、本書は堀田の伝記としてまずその出生から、若くして藩主となるまでを記す。

その出自から正統の嫡子と認められても、簡単に藩主の地位にはつけなかった当時、それを助けた叔父佐野藩主堀田摂津守正敦《まさあつ》と側近の忠臣渡辺弥一兵衛治《おさむ》がいたことは、第一の幸運であった。

また、一代限りであったが、溜の間であとから入って来た井伊直弼と和歌を通じて親しくなったことは彼の第二の幸運であったといってよい。

江戸に近い佐倉藩主であったことも幸して老中を二年で退いたあとも半年は在府していたから、幕政からまったく離れることはなかったし、長崎の情報も現地からと幕府からと、両途から得ることができた。

天保十四年九月藩主に戻った堀田はその改革に本格的に十三年間取り組み、藩債を踏み倒すことなく返済、財政再建を果たし、兵制改革、民政改革と併せ、三大目標を達成する。

彼の民政は「愛民」に尽きるといってよい。

勤勉な農民を賞し、怠惰な町民を辛抱強く諭す。その努力には頭の下る思いがする。それでもそれを徳とし、信頼する者ばかりではない。任せられたことを奇貨として私利を図るものが絶えないのである。こうして藩政に没頭しているとき、阿部の計らいによって老中に復し、再び幕政に加わることになる。

阿部、堀田の二人を対比して、阿部を遥か上に置き、それでも「善良無我」の堀田はよくやっている、とした『昨夢紀事』の著者中根靫負《ゆきえ》の評はよく知られている。

幕府というより日本の代表としてハリスと対したとき、その雄弁の前に堀田は渋々しい受け答えができない。その姿に周囲がやきもきする様子を靫負はよく伝えている。

それでも前述したハリスと井上、岩瀬の日米修好通商条約交渉の始まる前に、外国公使の江戸駐留と開港について諒解の意を二人に伝えていたことは、彼の外交貿易についての見識を示すものである。

二人は、ハリスに対しどこまで譲り、どこまで主張するか、十分に弁えて応酬することができた。その経過は『大日本古文書』幕末関係文書之十八に詳しく、正確に記されている。

ここに貿易開始という堀田の初志が貫徹されたのであって、それが実権を井伊に譲ったあととはいえ、老中在任中に、日米修好通商条約が、ハリスと井上、岩瀬の間で調印されたことを慶びたい。

彼を日本開国の恩人と推す所以である。

土居　良三

目次

第一部

第一章　堀田家の祖たち

堀田家の祖先は代々尾張国中島郡堀田村にいたので、それを姓としたという。徳川家に仕えるようになったのは家康の頃で、堀田正吉は書院番衆に加えられ五百石を賜わった。元和元年（一六一五）大坂夏の陣に従って功があり、その後、西ノ丸目付、禄千石の歴とした旗本となった。

堀田家は以後二人の大老、二人の老中を出すことになるが、直参中の名流となったのは、正吉の子正盛に始まる。

初め三四郎と称し、後権六と改める。眉目清秀にして才智あり。幼より文を学び、武を修む。元和元年初めて家光に謁して、近習に加えられる。時に年甫《はじ》めて十三、是より日夜其左右に侍して離れず、眷寵年と共に加わる。九年、家光の将軍職を襲ぐに及び、相模の地七百石を賜り、ついで従五位下に叙せられ、出羽守に任ぜらる。之が正盛の出発点となす。（『堀田正睦』、以下『正睦伝』とする）

従五位下、何々の守というのは奉行職の地位であり、旗本として十分の出世であったが、その後さらに累進して寛永十二年（一六三五）には川越三万五千石の城主となり、「加判の列」つまりのちの老中に進んだ。その前に従四位に昇り加賀守を称していたが、十五年松本十万石に転封され、十九年老中より大老格となったとき、総州佐倉藩の城主となった。

最終的にはさらに二万石を加増され、他に幕領三万石を預り、「食禄総て十八万石、之を堀田氏中興の祖となす」（『正睦伝』）といわれるように、この正盛が「佐倉藩」堀田家の開祖といってよい。

慶安四年（一六五一）四月、家光の死に正盛は殉じ、その恩誼に報いた。このとき老中阿部重次も同日殉死している。

その直後四代将軍家綱によって殉死は禁止されるが、二人の後裔にあたる阿部正弘、堀田正睦《まさよし》が、その二百年後の安政二年（一八五五）ともに老中として御用部屋に詰め、それぞれがアメリカと和親条約、修好通商条約を結び、日本を開国に導くことになったのは奇縁といってよい。

正盛を継いだ正信はちょっと変わっていて、明の遺臣鄭成功《ていせいこう》を支援すべきことを幕閣に説いて容れられず、佐倉に帰ってしまった。

当然所領は没収され、正信は若狭小浜へ、ついで阿波徳島に幽閉され、将軍家綱が没したとき、自尽してこれに殉じた。最期まで幕閣に楯突いた正信であったが、正盛以来の功を考慮してか、幕府は嗣子正休《まさやす》を近江宮川一万三千石に封じ、その祀を残した。この家系を堀田宗家とする。

一方正盛の三男正俊は寛永十二年（一六三五）、将軍家光の命で春日局の嗣子となり、家綱に仕える。局と兄の死後、それぞれの遺領から一万三千石を賜わって諸侯に列せられ、備中守を称した。寛文七年上州安中二万石の城主となり、若年寄、老中と、兄正盛と同じ出世コースを上った。

家綱没したとき後嗣なく、大老酒井忠清は京都から皇族を迎えようとしたが、正俊はこれに反対し、家綱の弟館林宰相綱吉を迎え立てることに成功した。綱吉は当然正俊を徳として侍従に任じ、大老、左近衛少将とその地位を引上げた上、下総古河十三万石の領主とした。父正盛に並ぶ幕府最高の実力者となったのである。

「綱吉最も佞竪《ねいじゅ》（おべっかを使う役人）を喜ぶ、正俊の剛正鯁直（正しく骨っぽい）に過ぐるを見て、漸くこれを忌み、諷するに隠退を以て」（『正睦伝』）したが、正俊は退かず、ついに貞享元年八月（一六八四）若年寄稲葉正休によって城中に刺された。

そののち綱吉は政事に倦み「犬公方」に堕したこと、よく知られている。

正俊の遺領のうち十万石は長子正仲が継いだ。正盛のあとの正信ほどの乱れはなかったが、それを維持することができず、山形、福島に転封されて不遇のうちに没した。彼には嗣子なくて弟正虎が継ぎ、将軍吉宗に見出されて大坂城代まで進んだが、その西下の途で客死した。正虎にも子がなく、宗家正休の五男正直を養嗣子としていたが、正虎に先立ってなくなっていたので、その子正春が堀田家を継いでいた。その正春も二年後になくなり、嗣子なくて正俊の末っ子正武の子正亮《まさすけ》が入って当主となった。

正亮は奏者番に出仕後寺社奉行を兼ね、その業績を正虎同様吉宗に認められて大坂城代となり、延享二年（一七四五）九月、吉宗が将軍職を家重に譲ったとき、正亮を老中とした。正亮は翌年故地佐倉に転封され、正盛、正俊についで老中首座となった。

吉宗はその治世三十年を超え、将軍職を嫡子家重に譲るにあたって人知れぬ苦心を重ねたといわれる。それは家重が多病で政事に向く性格ではないと一般に見られていたからである。とくに弟の田安宗武、一ツ橋宗尹《むねただ》と比べた場合、明らかに見劣りした。この二人のために新たに家を興して徳川を名乗らせ、城内に住まわせたのは父吉宗の苦心の策で、将軍職はその能力にかかわらず嫡子が継ぐべきものという大原則を彼は示したのであった。そうなれば能力の劣る家重を補佐する有能公正な老中がいなければならない。正亮なら間違いないと白羽の矢を立てられ、大坂城代から江戸に召還され、ちょうど家重が将軍職にあった十五年間、老中首座として彼を援け、大過なくその任を果たした。

その間、後世に伝えられるような大事件はなかったが、十年以上老中の地位にあって無事ということは、やはり並の手腕ではない。些事を疎かにせず怠慢を見逃さず、不正を容赦しなかったから、そ

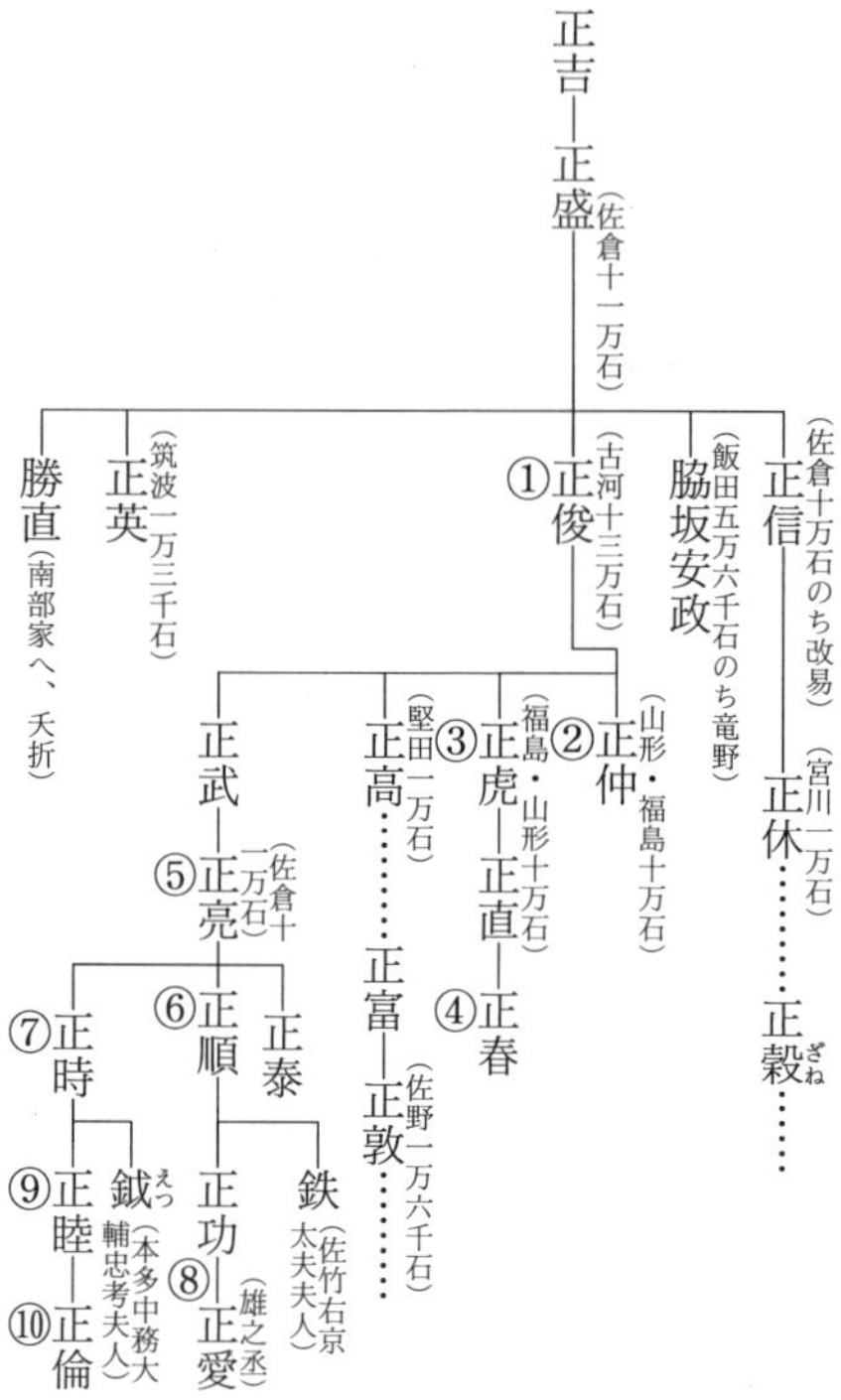

堀田氏系譜（堀田正久氏作成にもとづく）

れを咎められ役を放たれた手合から、中傷誹謗された。三上参次著『江戸時代史』下に、右の例として、正亮を怨む者が瓜を使って梟首の形を作り、堀田の門に置いたことがあったが、正亮は「これを朝堂稠人《ちゆうじん》の中に談笑し、自若たりきという」とある。以ってその自信と風貌を察するべきである。

その子正順《まさより》もまた同様、奏者番、寺社奉行、大坂城代と順調に進んだが、京都所司代のとき、宰相松平定信とともにその職を辞した。もし留まっていれば当然老中になった人材であったろう。

文化二年（一八〇五）正順が没したとき、その子正愛《まさちか》幼年であったので弟正時が跡を継ぎ、その成長を待った。文化八年、正時が没して世子正愛家を継いだが、文政八年（一八二五）病死してその嗣なく、ここでようやく正時の末子正睦が佐倉十一万石の封を継ぐことになった。

第二章　佐倉藩主となり、藩政改革を達成

正睦《まさよし》は文化七年（一八一〇）八月朔日、江戸の邸で生まれた。正時の季子（末っ子）で母は側室源田芳《よし》、幼名左源治、のちに左源次と改める。

父正時は翌八年四月十日に病死、甥にあたる正愛《まさちか》が跡を継いだ。正時は正順の弟で本来なら正順の子の正愛が堀田家を継ぐべき所を、まだ幼児であったのでその叔父正時が継いだのであって、初めから正愛を世子に立て成人ののちは藩主を譲るつもりであった。

こうして正愛が藩主となると、今度は反対に正時の子正睦を世子《せいし》に立て、藩主の座をその統に返そうと考えた。正時と正愛は互いに譲り合った形で、藩主の座を奪い合うケースが多い封建の世にあっては一つの美談であり、堀田家の伝統ともいってよい。正愛は早くから正睦に目をつけていたが、それは正睦が将来家門を興す逸材と見ていたからでもある。

ではどういう少年時代を送っていたか、曾孫にあたる堀田正久氏著『堀田正睦の幼少年期—御厄介様時代—』によってしばらくその姿を追ってみたい。

左源治（正睦の幼名）いや正篤《まさひろ》（安政三年までの名）は、それでもすくすく育った。芳（生母）の体質を受けて根が丈夫な上に、渋谷は新鮮な食料には事欠かなかった。渋谷広尾台の下屋敷は、

（佐倉堀田家の）正俊大老がまだ奏者番の時代、寛文八年（一六六八）百五十年ほど前から堀田の下屋敷であったが、広さは時に広狭があり、この文政時代は四万二千七百坪ぐらいであった。

（「紀氏雑録」）

現在の日本赤十字病院の敷地、一部は聖心女子大にかかるところであった。邸内には馬場も、矢場、射撃場も広々ととられており、学問所もあって少年の文武の修行所としては最適なところであった。

奥御殿の庭には小滝もあり、幽邃な趣は四時の花、紅葉の色取りとともに美しく、春の蝶、夏の蟬、秋の虫しぐれは言わずもがな、とりわけ春秋の小鳥のさえずりは賑わしかった。このような森の小鳥のシンフォニーの中に明け暮れた左源治は、大様な顔立ちに似ず音感に敏であって、一生小鳥をこよなく愛したという。

この小鳥にせっせと餌をやる左源治に、近習の一人が神田や浅草に行けばもっときれいな鳥を売っている、買ってみたらと勧めた。

すると、若様（左源治）は、小さな左手の親指と人指し指で可愛らしい丸い鳥目（小銭）の形を作って「これが無いぞよ」と言って、にっこり笑ったという。

当時の左源治の生活振りをもう少しつづけたい。

又この頃、近習斧太郎と中間一人を供として、芳の手作り握り飯と、お姉さんのお鉞《えつ》様の煮込んでくれたお豆やお薯のおかずを包んで、渋谷城址の金王八幡や常盤御前の常盤松や氷川神社、或いは今の日赤正門前から車で真っ直ぐ行くと、赤坂区役所の標示している「堀田坂」がくねり曲がっているのを下りて、当時は笄川という小川が流れていて笄橋という粋な名前の小橋のあったあたりで小魚をすくったり、そこから少し下の方へゆくと広尾橋、今の聖心女子大の入り口あたりで地下鉄の駅から少し曲がると、黒田侯の大きな墓が塁々とあって大松が形よく繁っている祥雲寺に詣で、その前の渋谷川にかかる大小さまざまな水車の動きに見とれたり、又あるときは広尾橋から天現寺橋の方へ行く左側一帯にあった佐野堀田家の下屋敷に行ってみたり更に南下して天現寺の先の広尾の原あたり、又更には大師河原などにも武者修業だと斧太郎におだてられて出かけたこともあった。渋谷から広尾にかけて、今では想像も出来ない閑静な自然の中で、左源治は幼少年時代を送ったことがわかる。

とも角、渋谷広尾の下屋敷での生活は金欠の外は野趣豊かな、そして母子姉弟水入らずの（姉のお鉞と正篤とは同じ生母芳の子である）生活で楽しかった。

こういう環境でのびのび育ったことが、後年の堀田正睦の人間形成に強く影響したに違いない。「御厄介」であったからできたことで、嫡子であったら守屋敷でお傅《も》りの武士からそれに相応しい礼儀作法を仕込まれ、難しい漢籍を暗誦させられたり、窮屈な生活に耐えねばならなかったろう。

文政二年（一八一九）十月、正睦十歳のとき、正愛の側室に男子が生まれたが、その翌年亡くなり、正睦が世子となるのはほとんど決定的となったが、ことはすんなりとは運ばなかった。競争者が現れた、というよりは佐倉藩の老臣で正睦の傅佐《ふさ》でもあった金井右膳が、支藩にあたる佐野堀田家の当主摂津守正敦《まさあつ》の子左京亮正脩《まさなが》を藩主に迎えようと動いたのである。

一方正愛は生来蒲柳《ほりゅう》の質で平生から薬餌を手放さなかったが、文政五年の春肝臓を患い、病勢進んで七年の秋にはすこぶる危険の状態を呈してきた。十月下旬、正愛は回復不能と知って左源治を嗣子として家を継がせるべく、公儀の手続を進めるよう側臣二人に命じたが、金井等老臣の思惑があって一向にことは進まない。正愛は病床にあって、翌十一月中旬、この二人を召し、何をグズグズしているのか、老臣どもにその理由を糺せと厳命した。

十二月六日、正睦を世子とすることが正式に決まり、二十二日幕府に稟請、二十五日允許された。このとき幼名左源治を左源次と改める。翌年三月八日、堀田家の家督を継ぎ、幼名左源次から正篤《まさひろ》を名乗る。正睦と改めるのは後年の安政三年（一八五六）であるが、本文ではすべて「正睦」とする。

顧《おも》うに正脩は俊秀の人なりしならん。爾《し》かも不幸蚤世《そうぜい》（早死）せし為め、復たその事跡の聞くべき無し、正睦の推されて家を継ぎたるもの、実に堀田氏の幸いにして、又天下の幸なりしと謂うべし。（『正睦伝』）

こうして正睦が世子と決定すると、安心したのかその直後に正愛は亡くなった。正睦はその喪を発する前に、物頭渡辺弥一兵衛を側用人に抜擢した。老臣の推す正脩に反対して、正睦を佐倉藩主とすべしと強硬に主張したのが渡辺であったからである。彼が物頭という低い地位にありながら、世子の決定という重要な問題に発言、それを通した根拠は、一つには正睦の大器を早くから認めていたからであるが、老臣たちを説得できたのは堀田家の血統を守るという名分があったからでもある。

正脩の父正敦は、若年寄を三十年以上勤め、数々の業績を挙げた人物として知られる。しかしその出は仙台藩主伊達宗村の八男で、支藩の堀田正高の跡を継いだのであるから、もしその子正脩が佐倉本藩の主となれば、堀田家の血統はここで絶えることになる。このことを渡辺は強く主張して一時正脩に傾きかけた金井ら老臣の思惑を覆した。ここまで渡辺を動かしたのは、繰り返すが、血統だけでなく正睦を少年の頃から大器と見ていたからで、渡辺は以前からその教育を金井に進言していた。

左源治君は庶子にして庶子にあらず。主君に御子在《お》わさざる時は、自ら儲副たるべき御身に候。今より文武の才を磨きて人君の器を備え玉わんこと最も肝要に候わん。夫れ先君の御遺訓中、最も重きを置かれたるは、学問の一事に在り。人にして学問なくんば、智徳を養うこと能わず。君にして学問なくんば、家国を治むること能わず。古今皆然り和漢亦た然り。

今や左源治君の御手志学に及び玉わんとす。其一生の関鍵《かんけん》繫《かか》りて此数年の歳月に在り、宜しく傅《ふ》佐《さ》の人を増し、近侍の士を撰びて、其の学問を進め、其の才徳を養わんことを力めざるべからず。(『正睦伝』)

渡辺は正愛が病気がちで定日に登城できず、正敦に代わってもらうようなことが多かったことを知ってか、学問のほかに武芸に励むべしと右に続いて主張しているが、いろいろ習う必要はなく、弓、馬、槍、剣のうちから自分に適すると思うものの一、二を選べばよいと勧めているのは卓見である。そして、この教育方針を実現できるのは老臣筆頭の貴方しかいないのだと金井に訴えたのであった。もちろん当人の正睦はこの経緯を知っていたから、藩政を見る立場になるといきなり側用人に挙げたのである。

このとき正睦十五歳。当時としては一人前の大人である。正式に襲封する前に渡辺を側近としたのは英断で、次に述べる藩政改革をともにする決意を藩内外に示すものであった。

弥一兵衛偶《ちゅう》党《とう》(大志あり物にこだわらない)にして大志あり。骨鯁《こっこう》(硬に同じ)にして権威に屈せず。曾って赤誠を披瀝して、正睦の補導を献策せしも此人なり。老臣を弾劾して、正睦の立儲《りっちょ》を極論せしも亦此人なり。其心既に頼むべく其才又用ゆべし。(『正睦伝』)

正睦と渡辺との間にはすでに相通じ、信ずるものがあり、二人は藩政改革に邁進することになる。その目標として次の三つを挙げた。

老臣の跋扈。

士風の頽廃。

財政の窮乏。

これらを具体的にどのように改めたかを以下順に述べていきたい。

老臣とは家老以下門閥派で、その家職は個人の能力に関係なく子孫に受け継がれるのが封建時代の原則であった。当時佐倉藩では国元に庄田孫兵衛、金井右膳他二名、江戸に渋井膳右衛門他一名がいたが、重きをなしたのは城代を称し首座を占め会計を握る庄田と、房総備場総奉行を兼ね兵権を握る金井であった。

正愛が藩を継いだのは十三歳のときで、長じて藩政を見るようになったが虚弱な体質で病床にあることが多かった。当然老臣たちは主君を軽んじ領民を虐げるようになった。庄田と金井は対立し、それぞれ党派ができて勢力を争うようになると、「藩政は百事苟且《こうしょ》(好い加減)に流れ私交は終歳逸楽を事とし、財政は窮乏を告ぐれども、これを匡《きょう》正する所以を知らず」(『正睦伝』)という最悪の状態となりつつあった。

つまり藩主不在の権力争いから、士風頽廃、財政窮乏に追い込まれつつあったのが正睦襲封のときの佐倉藩の実状で、藩政にかかわる誰もがどうしていいのかわからず、その日暮しを続けていた。

しかし、このような藩の窮状を何とかしなければと考える士がなかったわけではない。前に挙げた渡辺弥一兵衛は正愛の亡くなる直前、文政七年十二月十一日付けで同憂の士潮田儀太夫と謀り、佐野藩主堀田摂津守正敦を後見人に仰ごうと、意見書を呈した。

頻年　財政窮乏にして、給与饒《ゆた》か成らず　微禄小給の輩は衣食生計の資に窮し、徒党を結びて恩借を請う。請う者は許され、請わざる者は給せられざらんか。家臣誰か徒党を結びて司庁に迫らざらん。もし初めは許されて後は許されざらんか、家臣誰か徒党を結びて藩命に抗せざらん。一国の大事実に此の時に在り。宜しく危激の人心を導きて、平和の藩状に帰せしめざるべからず。

（『正睦伝』）

このように藩士が窮迫し、徒党を組んで争うようになったのは、突きつめていえば正愛が藩政を見られないからである。だから、左源次君が長ずるまで、正敦に後見して頂きたいと願った。

正敦は二人の誠意に感じて、これを諾し、二十二日その旨を金井右膳に伝え、翌月右膳は渡辺に知らせるという経緯があった。この二十二日という日は左源次すなわち正睦を嗣とすることを、金井たち重臣が幕府に稟請した日にあたる。彼らはその半月前、病床の正愛から厳命されて正睦を世子と決定していたのであるが、物頭の渡辺たちはまったくそうした重臣たちの動きを知らなかったのであろうか。知っていれば何も正愛の後見を正敦に仰ぐ必要はもちろんなかったのである。すべては金井たち重臣が握り、秘していたからであろう。いずれにしても佐倉藩の命運はこの年十二月下旬に凝縮された感じで、正愛はその命をかけて正睦の世子を実現させ、正敦はその正睦を後見することを決心していたのである。まことにドラマチックな藩主正睦の登場であった。

正愛の喪は翌文政八年正月二十二日発せられ、越えて三月八日、正睦は幕府より家督相続仰せ付けられた。帝鑑の間詰を命ぜられ、四月朔日将軍家斉に謁し、十二月十六日従五位下に叙せられ相模守を称した。ときに十六歳。

それから半年余り後の十一月二十五日、正敦はその邸に正睦を招き、渡辺もそれに従った。正敦は密かに正睦に語ったという。


君の御家人其人多しと雖も、才識抜群にして忠誠の心厚きは、弥一兵衛を以て第一とすべし。彼は正しく執政の器なりと雖も、姑《しばら》く左右に置きて彼の薫陶を受け玉わんも将来の御為なるべし。

（『正睦伝』）


正敦は正睦が渡辺を側用人としたことを善しとし、しばらくは彼からいろいろ学べと励ましたのである。

文政九年八月十五日、十七歳の正睦は就封の暇を賜わり、九月三日江戸を発し翌四日佐倉に着いた。先例どおり、まず甚大寺に祖先の霊廟を拝し城内外の神社に詣で、本城に帰って諸臣の拝礼を受け、さらに学校に臨み釈奠《せきてん》の礼式を行った。

この式が終って引揚げるとき、

参列の諸員左右に居並びて一斉に拝伏すれば、正睦身を屈め片手を突きて軽く「ご苦労」と会釈す。諸員皆其の礼の厚きに感佩《かんぱい》せざるはなかりき。（『正睦伝』）

十代の若い藩主の初就封のとき、このように好印象を藩士たちに与えた逸話が、阿部正弘の場合にも伝わっている。その十一年後の天保八年（一八三七）三月七日、十九歳の正弘は、初めて藩地福山に入った。城門の前で士民の拝礼を受けたとき、若き城主は笠を取って、軽く会釈した。正睦のように声はかけなかったようであるが、「軽く」歓迎に応えたことはまったく同様である。

ともに人柄から見て、こういうとき尊大ぶるはずはなく、新藩主の「軽い」会釈は人々に好ましい親近感を与えたのであった。

正弘の場合、福山には二か月いただけで帰府し、そののち藩地に帰ることはなかった。老中となりその首座となり、内外ともに多事の政局の中心にあったから、到底その暇はなかった。先代正精《まさきよ》が早めに老中を罷めて藩政に力を尽し、それを動かす老臣たちを整えていたお陰でもある。

ところが、正睦の場合、反対に父正時を生前に失い、先主正愛は病弱で藩政は権臣の手にあり、財政は窮迫していた。にもかかわらず正睦は、この初入部の月十五日、封内各村から名主および総代一人ずつを召して、年々貢賦を怠らなかったことを賞し、この年の租税十分の一を免除すると伝えた。タイミングのよいこの言葉にみんな喜んで万歳を唱えたという。

十一月七日、六方野で狩を催した。兎や猪を射んとするのではなく、武芸を興さんがためであった。こうして三か月を藩地ですごし、十二月三日、江戸に還った。以後藩主として一年おきの参勤交代の義務があったが、特例として関東の大名は半年は藩地すなわち佐倉で暮らすことを許された。何故蘭医学が佐倉のような田舎に興ったのかという疑問、これについてはのちに詳述するが、解答の一つはこの正睦の半年ごとの就封にあったことは間違いない。

正睦が藩主となってから七年後の天保三年（一八三二）九月六日、渡辺弥一兵衛は側用人から老臣の列に抜擢され、藩政改革の責任者となった。

渡辺のほかにこの大役を果たせる者はないこと、正睦には早くわかっていたであろうが、藩を襲ぐことが内定した時点で彼を側用人に抜擢したあと、つづいてその地位を上げようとはしなかった。

それを進言したのは佐倉の老臣の一人佐治茂右衛門であった。当時の藩情は二人の権臣の一人金井右膳が病死し、残る庄田孫兵衛は依然権力を誇っていたが、両派の対立抗争は衰えつつあった。佐治は三年前の天保元年、番頭から老臣に進んだ人物で、彼のほかにも江戸、佐倉の主役がこの数年の間に新任者に変わりつつあった。正睦が藩主脳人事の刷新を進めていたのであって、佐治の上申を待っていたかのように直ちに改革の大任を渡辺に命じた。

このとき渡辺を支えた同志として、佐治のほかに潮田儀太夫が加わり、この三人が改革の実行にあたる。当時潮田は先筒頭として房総海防の任務を帯びて千葉にあった。弥一兵衛より八、九歳年長であったが、同門の友、無二の親友であった。早くから藩政改革の意見を持っていたので、渡辺が老臣となり改革の責任者となったことを大いに喜び、書を弥一兵衛に贈って風俗を改良し、士道を振興せよと促した。

渡辺は初めからこの改革事業は孤軍奮闘と覚悟していたところ、潮田の手紙を見て百万の援軍と感激し、それから互いに往来して改革の具体策を練った。その個々については次に述べるが、当時の藩士たちの窮状をそれまで江戸にあった渡辺はあらためて知り、ショックを受ける。

藩士は多年困苦を重ね、工面に工面を施し尽くして、今や既にその極点に達し、正月の餅を搗き得ざりしもの三十余軒、搗き立ての鏡餅を典入（質入れ）せるものあり。米を入れたる儘の鍋を典入せるものあり。一両二分の才覚に窮して自経（自殺）せんとせしものあり。七十二文の質を入れて、七椀の食を乞い得しものあり。一夜明くるも復た春天に吟する（鳴る）紙鳶（凧）の声もあらず。（『正睦伝』）

今のように週休のない当時は、盆暮、年二回の休みが最高の楽しみであった。とくに正月の餅搗きはどんな家でも欠かせないものであったのが、貧窮のどん底にある家士の間には三十余軒も餅搗きができず、せっかく搗いた餅も右から左に、つまり食べずに質入しなければならない家もあった。わずかな金の返済に苦しみ自殺しようとしたり、七十二文の質を入れて、七椀の食を漸く乞い得たものもあるという状況で、正月というのに「春天」に舞う凧の影もなかった。

衣食住の生活のうち、右は食についてであるが、衣、住についても悲惨な話ばかりである。

神門巴門の妻は、去年十月、寒風膚を刺すの時単衣《ひとえ》一枚の儘、敷居を枕にして死す。有司の中にも寒中袷《あわせ》一枚にて凌ぎ、其妻は半纏《はんてん》一枚を着て、下部に前掛けを締むる者あり。給人の中には、寒中畳なく、戸障子なく、四壁粛然として過ごせしものあり。無足の中には家族一同帷子《かたびら》を着て藁中に臥せるものあり。（『正睦伝』）

「給人」「無足」は幕府であればお目見級の中堅武士、藩士の中核である。有司とは藩の役人、上士であるそれが「寒中袷一枚」ですごし、その妻は「半纏一枚、前掛」姿という。もちろん日頃の心掛けの悪かったたからであろうが、それ以下の身分の者の窮迫は推して知るべしであった。正睦在藩のとき、左右に侍すものには多少の余裕ある者が選ばれたが、彼らも出仕する前日に質入れしていた木綿物を引き出し洗濯したという。当事全国を襲った大飢饉による藩地の窮状は、何も佐倉藩に限ったことではないが、とくに下級藩士の場合悲惨というもおろかである。

例えば江戸の御家人であれば、その俸禄だけでは家族を養えなくとも内職の途があったが、地方の藩地では不可能のことで、何かの災禍で一旦借金すれば返す目途はなく、質入を繰り返す絶望の日を送るしかなかった。

ここに挙げた藩地惨状の例は、渡辺が潮田と謀って天保四年二月二十八日上申した「四維説」と題する書中よりの引用で、次のように始まる。

> 礼儀廉恥は国の四維なり。四維断つ時は一国即ち亡ぶ。青雲公（正亮）の大坂に在わしませし時、四維の器を作りて座右に置き、又四維の銘を撰びて床間に掲げ、日夜これを見て箴戒《しんかい》と為し玉う。其意を用い玉うや甚だ深し。今や佐倉の風俗四維尽く弛みて一藩殆ど紊《みだ》れ、先君盛世の遺訓地を掃うて空し。慨嘆に堪ゆべけんや。（『正睦伝』）

正睦の祖父にあたる正亮の治政を、渡辺はこれからの藩政改革の手本あるいは目標としていたのである。その「先君盛世の遺訓」である「四維」とは、四つの徳目、礼、儀、廉、恥をいう。それを家中に徹底させた正亮を讃え、正睦もそれに倣うことを勧めたのであろう。

正亮は佐倉藩始祖の正俊の直孫にあたり、大坂城代を経て老中首座となり、十四年間九代将軍家重を支えたこと前述した。

正亮は藩政においても礼儀廉恥を徹底させ藩全体の士気を引き締めたのであったが、それが今や「ああ藩治の荒廃、家臣の困窮、斯くまで甚しかりしか。不憫至極、罪は寡人（自分）の身に在り」（『正睦伝』）とその孫正睦を嘆かせるまでに藩は落ちぶれていた。

彼は三月十六日、手書を渡辺に与え、速やかに救恤《きゅうじゅつ》の策を樹てるように命じた。これを受けて渡辺は二十八日、左の請書を呈した。

本年は御始祖不矜公（正俊）の百五十回御忌に相当仕りぬ。願わくは本年を御手始めとして、中興の御功業を御成就遊ばされ、再び不矜公、青雲公（正亮）の御盛時に復し玉わんことを。御祖先に対する御追挙、何物かこれに過ぎざらん。（『正睦伝』）

ここで渡辺は藩政改革の目標を佐倉の始祖正俊と、中興の祖正亮の「盛時」に置いた。話は遡るが、堀田家として初めて佐倉藩十三万石の当主となった正俊は三か条の戒めを藩政の柱として遺している。寛文七年（一六六七）七月五日、安中城主のとき、自ら手書して家臣に示したものであり、その内容は省略するが「安中条目」として、以来堀田家のいわば憲法となった。正亮はその中の「財政は藩制の基にして、藩制は財政の源なり」という正俊の言葉を右の請書の中で引用して改革の指針とした。財政、すなわち藩の収支が黒字で安定していなければその藩制の改革はできないし、また藩制が整っていなければ財政も裕かにはなり得ない、という意で、二つがいわゆる車の両輪であることを諭したのであろう。

正亮は老中首座として幕府の安定を計ると同時に、藩政においてもその財政の安定と藩制の整備を両立させた。そのときの自信が右の言葉となったのであろうが、現実の佐倉藩は財政紊れ、藩制壊れ、家士皆困弊の極に達する状態にある。まずこれを救わねば綱紀を張り、秩序を保つことはできないと渡辺は結論し、救済の具体策として新規に藩債一万五千両を起し、それを士民に貸与することを提案した。この一万五千両という具体的な数字は、おそらく藩が新たに借金出来るギリギリの金額であり、また貧窮の極、借金もできない藩士を何とか救うことができる限界の数字でもあったろう。そして貸与の具体的方法は右のとおりとした。

無足三十俵位《くらい》　十五、六両位。

給人百石　三十両位。

五百石　六十両位。

三千石　二百両位。

この標準で貸与されたものは高利の負債を償却して家政を整理し、何とか武士の体面を維持することができるのではないか。

またその償却については、毎年百石につき元金三両ずつ還納とすれば、約十か年で回収可能と見、実際には十四年後の天保十四年完済されたのであった。このとき渡辺は、こうした案の実施にあたる者として老臣佐治茂右衛門と潮田儀太夫を推した。二人のことはすでに述べたとおり、彼の同志盟友である。

次は藩債募集の具体的方法である。今度の一万五千両という少なからぬ資金は臨時の藩債とし、経常の収入には頼らないとして渡辺は別途調達の法を次のように考えた。

一、野駒金（馬の飼方料積立金か、詳細不明）を借り入れて、三千両。

二、両山（増上寺、寛永寺）よりの融通、二、三千両。

三、封内の農民余裕のある者に命じ、二、三千両。

四、江戸の豪商山田屋金右衛門の俠気を頼み、二、三千両。
五、藩士伊沢伴右衛門は万金の富あり。任用次第で、一千乃至五千両。
右の五項を整理すると二つになる。いずれも金に余裕のあるところから借りるというねらいであるが、第一は過去に藩から金の出ている先である。馬の飼育料、両寺からの貸付金がそれで、第二は恵まれた田畑を持つ勤勉な農民やそれに準ずる家産のある下級家士。俠気ある豪商も佐倉藩江戸屋敷に出入りの者で、これまで藩の恩恵を受けていたはずである。渡辺の炯眼はこうした内情を見透かした上の案で、おそらく一万五千両は短時日に確保できたであろう。

こうして最も緊急を要する家士の救貧策を樹てたあと、改革全般についてその実行にあたる藩士を、部署ごとに左のように選抜した。
一、藩政改革の任に堪うるもの　五名。
二、算勘の用に立つべきもの　三名。
三、藩債交渉の任に堪うるもの　二名。
四、他日重職に堪うべきもの　四名。
五、廉潔にして奉行役に適するもの　四名。
各項ごとにその氏名を記し、その人物の長所、短所を批評している。

例えば、三の藩債交渉役は、掛合に長じ人の和を得るの徳はあるが、機密を漏らす恐れのある宮崎伝治と、掛合は拙でも実意あり機密漏泄の虞れのない井村岡之丞の二人。性格、能力の正反対のものを組み合わせている。

渡辺は「世の中に万能の人はない。各人の短を棄て長を採るようにすれば事に当ることが出来る」というのが持論で、それぞれの部署の人選、組合せを決めたのであるが、全般的には今は温厚の士を用い、気骨の士を用いないとしたのはその見識を示すもので、急激な改革を避け、粘り強く目的を達することを心がけた。

このような改革の方針、担当者の選抜は当然正睦の認めるところとなり、天保四年九月二十六日、佐倉において藩制改革の号令が発せられ、渡辺をその主任、佐治を補佐とすることが正式に決まった。しかし、これまで現実に藩政を動かしていたのは門閥の老臣たちであること、佐倉藩においても変わりない。改革を推進するには彼らを排除し、改革にあたる渡辺に実権を与えねばならない。正睦はこの困難な人事を断行したがそれには十分の時日をかけた。

まず主役庄田孫兵衛を家老次席に上げて、老職および主役を免じた。ここで用いられている家老、老職、主役という職名の異同は明らかでないが、この場合「家老」は名目的なもので、実権ある「老職」および「主役」を免じられた庄田は、藩政から完全に排除され名誉職に棚上げされたのである。同時に江戸の主役であった一色善右衛門も老い病いがちのゆえ、免職となったが小書院着座を命じられた。家老は当然小書院着座の特権を持っていたが、他の老臣は命ぜられて初めて小書院番の栄誉を受ける建前で、一色は家老の体面を保つことができたのである。

このように、前代からの権臣たちからその名誉を一応保ちつつ実権を奪い、正睦は渡辺に主役を命じた。それも任期を定めない、改革達成まではおまえに任せるという形の任命であった。こうして最高人事が決したあと、正睦今はいよいよ藩政の改革の命令を正式に発することになり、十一月十六日、独礼以上の家士を本城三ノ丸に召集した。

皆が家格に従って居並ぶと、正睦は老臣若林杢右衛門、佐治茂右衛門、磯矢平蔵、渡辺弥一兵衛を従えてその席に臨み、家老若林に前述の救貧策を発表させた。そして、その趣意が最終的には「文武両道」にして「武士の本領」達成にあることを明らかにした。

その貸金の方法は前に触れたように、返済期限十か年賦、利子は五十両につき一か月金一分とする。その金額は百石取り二十両、三百石取り三十両、四百石取り四十両、三十俵三人扶持十両とし、上は三千石より下は一人扶持の者までこの標準により貸与する。

「今日は是れ何の吉辰ぞ。仁日天に麗かりて恵風座に満つ」（『正睦伝』）状況の中、貸与を仰ぐ連中が群がって一万五千両はたちまち一銭も残らなかった。それでも集まった家士の中で、貸与を申し出なかった者が四十五人いた。正睦はその平生の心がけを賞し、各自の格に応じて刀剣、その付属具、金子《きんす》を賜与した。

同時に八条の条例を設けて、家士の守るべき憲法とした。その第一条は文武両道の具体的奨励策としては注目すべき内容を持つ。

まず世禄の士が死んだ場合、その嗣子が文武の道に熟するまで、通常の家禄歩引のほかに増引を行うが、文武いずれかに熟達した者については、これを特免とすることとし、その成業の程度を具体的に定めた。例えば文学は小学四書、算法は演段術、兵学武芸は奥義免許とするなどである。

次に文武修行の年齢も定め、文のほうは諸士以上の子弟は二三男も含め八歳を師に入門の期と定め、十五歳から学校に入る。未満の者も希望者には入校を許す。武のほうは十五歳から、各自希望の師についてその術を学び、さらに研究のため他郷に出ることも希望によって許す。医師は本道、外科、鍼治、それぞれ奥義を受け、小学、論（語）、孟（子）の一部および傷寒論に通じたものを成業と見なし、増引を免じる。盲人は制限なく、鍼《はり》ができるようになればよい。全体として藩内には不学無芸の者の皆無を期したのである。

第二条以下については詳細を略すが、衣服、飲食、居住、贈遣から五月幟、雛人形まで細かく定めを作って守らせた。

その中で日常生活に関する禁令の一部を紹介すると、まず「衣」の場合、本国にあるときは、他藩の客を接し他藩に使するときでも木綿の服を用いるべしとした。「食」については、例えば冠婚葬祭など礼式のとき禄高に応じて飲食を細かく規定した。三百石以上は一汁三菜、客八、九人。婚礼の場合会すべき親族は父子、兄弟、祖孫、叔姪、舅姑、本支同姓および媒酌人に限り、同僚、朋友は一切来会を許さない。もちろん礼式は当日一日に限る。その他祭礼のとき、新築のとき、会葬のときなど、人に酒食を供することを禁ずるという厳しさであった。

「此の如く一方には金員を貸与し、一方には奢侈を禁制し、両々相俟って藩士の窮阨を救わん」（『正睦伝』）としたので、藩の多くの士民は恩に感じ、無学の少年子弟も翻然として文武両道に励むようになった反面、中にはこの新法を見て、いずれ触れ流しになるに決まっている。長いことはあるまいと冷笑するものもあった。庄田孫兵衛の腹心たちである。これが正睦の耳に入り、十一月二十二日、免職謹慎させられた。

江戸の老臣入江彦左衛門は最初から改革に批判的であった人物で、正睦は翌天保五年正月、免職の上格式を番頭次席に落した。当日改革の書付を発表した藩老若林杢右衛門は代々三千石を領して、尊大自尊の風があったが、正睦は帰府に際して新法をよく遵守するようにと諭して、わざわざ父正時の短刀を授けた。

ところが、その後も年壮気鋭に任せて勝手な振舞い多く、禁令を犯し法度に背き人々に指弾される行為が多かったので、正睦は天保七年、老職を免じて大寄合に落した。それでも杢右衛門に自悛の色がなかったので、ついにその禄の半ばを奪って槍奉行次席に落した。

こうして時間をかけて正睦は改革を貫遂した。『正睦伝』は「新法の威権愈々立ち、改革の実効愈々顕わ」れたと称している。「巳年（天保五年）の改革」が成功したのである。

このように藩政における治績が評価され、正睦は幕政に登用され、奏者番から寺社奉行を兼ね、大坂城代（赴任せず）を経て、西ノ丸老中、本丸老中と栄進するのであるが詳しくは次章に述べたい。

第三章　老中を三年で辞任、藩政に戻り財政と士風を改める

徳川幕府の歴史において、堀田家はその名流である。三代家光の大老格正盛、五代綱吉の大老正俊、九代家重の老中首座正亮《まさすけ》のほか、八代吉宗に嘱目された正虎、松平定信の同志正順《まさより》は、ともに老中たり得る資質を持っていたこと前述した。

正睦はこのような先祖たちについて、もちろんよく知っていたはずである。文政十一年（一八二八）十九歳のとき、仕官して幕政に加わりたいと老臣を通じて幕府に請うた。

当時側用人であった渡辺は、官職につき、その任を尽すには、まず学問ができなければならない、正睦聡明なりとも今の学力では寺社奉行以上は勤まるまいとして、大いに学問を勧め、習字を勧め、騎馬を奨めたことも前述した。そして、翌十二年四月十二日、希望叶って奏者番となり、天保五年（一八三四）八月八日、待望の寺社奉行を兼ねた。このとき同役先輩に土屋相模守彦直がいたのでそれまで相模守を称していた正睦は、以後備中守を称することになる。ときに二十五歳。

阿部正弘が寺社奉行加役を命じられたのは天保七年十一月、二十二歳であったから、正睦はそれよりは三歳遅れたとはいえ抜擢といってよい。

正睦の寺社奉行時代の業績として、芝増上寺の事件が挙げられる。増上寺は上野寛永寺と並ぶ徳川

家とは縁の深い名刹で、歴代の将軍の墓所はそのいずれかにあるという存在であったから、奉行所の役人もはばかるところがあった。

僧侶たちはこれを奇貨として勝手に振舞い、使用人たちの賭博を見すごすばかりか、はなはだしきは山門の内に賭場を開かせ、彼らもその群に加わって丁半を争うようになった。

増上寺山内という幕府治外法権の場が博徒の巣となっていたのを正睦は知って、それを一掃する決心をする。家臣の倉知多門、山林籐千郎、西村平三郎の三名に賭場の「確證を押さえて、断然捕縛せよ」と命じた。山林と西村はおそらく若侍であったろう。二人は博徒に扮して入り込み勝負を争った。こうして親しくなり怪しまれなくなった頃、他にもっと面白いところがあると誘って寺の外に連れ出し、ある博徒の家に入って開帳した。頃合を見計らって、二人の手引きで捕吏が乱入し、一同を搦め捕って奉行所に引き渡し、厳重に糺問して、ことごとく処分を行った。

『正睦伝』には「寛法の人にして、此勇猛の断を行う。笑めば菩薩、怒れば夜叉の概あり」と評しているが、その若き正義感に発することというまでもない。

同じような事例が阿部正弘にもある。このときより約五年後の天保十二年、当時大御所と称された十一代将軍家斉の信仰厚い中山法華経寺の山内の僧侶が、大奥に出入りし女房たちを惑わしていた。正弘はまず悪僧と通じている市井の女を召し取り、糺問して僧侶と大奥の関係を明らかにした上で、寺内の神社を取り潰し、僧侶たちを罰したのみで、大奥の関係者は吟味せず追放に止めたのであった。

あくまで糺明すれば大御所家斉に累を及ぼす事件であったが、それは将軍の権威にかかわる重大なことであるから、その一歩前で止めたのであった。放置していれば幕威の低下につながる事件を、果断に政治的に治めたという点で、若き正睦と正弘は共通しており、ともにその処置が認められて出世の緒となった事件でもあった。

天保八年五月、正睦は大坂城代（赴任せず）に栄転、九月九日西ノ丸老中に、十二年三月二十三日には本丸老中として幕政の中枢に坐すに至った。三十二歳。ときの老中首座は「豪雄」と称された水野越前守忠邦であるが、八代吉宗の享保改革、老中松平定信の寛政改革と並んで、三大改革の一つと呼ばれる水野の天保改革はまったく失敗に終わった。正睦は天保十四年九月まで二年半幕閣にあったが、これといった仕事はしていない。それは次に述べるような水野の改革方針に反対で、閣内で孤立していたからでもある。この改革について『正睦伝』はこう述べている。

当時、水野越前守老中の首席たり。大いに政事を改革して、時弊を匡正せんと欲し、節倹質素の令を下して、奢侈豪華の俗を押さえ、壮丁の文身《いれずみ》を禁じ、男女の混浴を止め、芸妓を禁じ、遊郭を減じ、劇場を一郭に移し、俳優を一区に置き、華麗の衣服、笄《くし》、釵《こうがい》を禁じて、これを犯す者は、尽く焼棄せしむる等、頗る厳酷を極む。

一口にいえば、この改革は江戸士民の個人生活に干渉し、その娯楽、おしゃれの楽しみを根こそぎ奪い、暗澹たる日常に陥れたのである。

日常の生活物資の価格にも幕権を行使し、豆腐一丁の価格を二割強制的に下げさせたところ、一丁の目方も二割減った小さな豆腐が店頭に並ぶという笑うにも笑えない挿話もあるほどに、重箱の隅々にまで干渉して「節倹質素」を強制し、江戸の街の火の消えるのを厭わなかった。櫛、笄を身につけることを禁止すれば、それを扱う商人、つくる職人たちはすなわち失業するが、それに対する補償はない。「奢侈豪華」な商品の消滅で生活難に陥ったものは、江戸を離れ、物価の廉い地方に移ればよいというのが水野の考えであった。

江戸の火に群がる羽虫のように、関東一円から多くの農民が市中に吸い寄せられていたのを、もとに追い返すことも水野は考えていた。ここまで改革の推進はすべて水野の考え、と書いてきたが、実際は立案から実行まで多くは腹心の町奉行鳥居忠耀《ただてる》の頭脳、策謀から出たものである。

水野に取り入る鳥居の贅沢取締りは上に甘く、下に厳しかった。贅沢というより「蕩尽」、金を湯水のように消費する者に、札差と留守居の一団が前代の文化・文政期からあった。札差とは旗本の禄米を金に替える金融業者であり、その暴利を貪り贅沢の限りを尽すのを見て、松平定信は棄損令《きえんれい》を発し旗本を救ったほどである。留守居とは諸藩の江戸駐在交渉役で、幕府高官に取り入り、また仲間同士で情報交換を名として度はずれの豪遊を重ねた。化政期の「通」とか「大通」とか呼ばれる通人は、札差、留守居から多く出た。鳥居はこうした贅沢の元凶の取締りを一応はしたが、庶民に対する厳酷さに比べれば手緩いもので、定信のように、その債権を放棄させる棄損令は出していない。

要するに弱者には極端に厳しく、強者には甘かったから、水野や鳥居を怨む声は市中に溢れた。このあと、改革に失敗して水野が免職となった夜、その屋敷の周りに多数の士民が集まり石や瓦礫を投げ入れるという、前代未聞の事件が起きたことは鳥居主導の悪政の結果である。鳥居はその権力を揮うため、町奉行の身分でさらに勘定奉行を兼ねて弱者暴圧を強行したほか、競争者を排除するため、憂国の識者、有能な官僚を陰険な手段で陥れ、その地位、役職を奪って死に追い詰めた。高野長英、渡辺崋山、矢部定謙《さだのり》等はその犠牲者であり、遠山景元、川路聖謨《としあきら》、江川太郎左衛門等は、辛うじてその毒手を逃れた人たちである。

その詳細は略すが、こうした鳥居の野望を許し、彼を含めて三羽烏と呼ばれた後藤三右衛門、渋川六蔵を登用したことが、結局水野の政治生命を縮め悲惨な末路につながったのであった。

当時老中として、水野内閣には土井利位《としつら》、真田幸貫《ゆきつら》、それに堀田正睦があったが、最終的に水野は土井・鳥居らに裏切られる。このような政情にあって正睦はどうしたか。


正睦は温厚の君子なり。眉を昂げ、肱を張り、口角泡を飛ばして、滔々《とうとう》これを論争するの人にはあらず。唯事の是ならざるもの民に便ならざるものを挙げて、諄々として其の非を説くのみ。爾《し》かも其所言鑿々《さくさく》として肯綮《こうけい》に中《あた》る。(『正睦伝』)

と水野のやり方を批判した。

正論であるが、水野にしてみれば同列の老中の言としては穏やかでない。見すごせないことであるから、儒臣の片桐要助を佐倉藩の老臣渋井平右衛門の許にやって正睦を牽制しようとした。二人は儒を学ぶ同門の友であった。

水野は何よりも天下のためを考えて時弊を改めようとしているのであるから、余りに反対されては御為にならないのではないかと半ば脅かした。

渋井からこのことを聞いて、水野は偏狭の性で人を容れる度量がない、彼を補佐しようと思っても無駄であるから、こちらから断然辞職するほかない、と正睦は決意して、天保十四年三月十九日、侍臣を佐倉に遣って渡辺の意見を聞かせた。

このときの渡辺の答えは、まさに名臣の佳言といってよい賢明かつ行き届いたものであった。水野が「三羽烏」に操られるような政情を渡辺はよく知っていて、御用部屋に詰める意味のない今、辞めることに異存はないが、その時期を誤らないようにという。

この四月、将軍の日光社参を間近に控えて、辞意の表明は穏やかでない。このことは何十年ぶりの盛儀であるから、無事その供奉《ぐぶ》を終えてから持病の脚気を口実に出仕を止め、辞表を提出せよと渡辺は忠告した。

天下其の止むを得ざるの進退なるを知りて、これを惜しみ申すべく、他日時機到来して再び大任に当たりたまうの日なきにも候まじ、兎にも角にも今俄かに出仕を止めて身を退き玉わんこと事潔よしと雖も、決して策の宜しきを得たるものに候わず。(『正睦伝』)

正睦はこの渡辺の忠言に従って、家慶の日光参拝に随行したあと、病気と称して辞表を提出した。それが認められたのは半年後の天保十四年閏九月八日で、同時に溜の間格を命じられた。この間に詰める諸侯は、直接将軍に会い言上することを認められていて、通常老中を辞めた者の詰める帝鑑の間や、並みの諸侯の詰める雁の間、柳の間とは別格の場であった。

在任約二年半、前述のように仕事らしい仕事は何もしていない正睦を、この溜の間詰に推したのは誰であろうか?

溜の間の定連は大老を出した井伊、酒井など幕府創業に功績あった諸家で、正盛、正俊それに老中首座を勤めた正亮を出した堀田家は、家格としてそれらにつぐものであった。だからといって正睦自身それを望むことはできないし、その気などなかったに違いない。渋井を遣って正睦を牽制した水野が正睦のため将軍に稟請したとも考えられない。

結局は将軍家慶の意に出たとしか思えない。それであれば井伊以下諸侯が異論を挟む余地もない。正睦の辞表が正式に受理された三日後の閏九月十一日、二十四歳の寺社奉行阿部正弘が、いきなりその跡を襲って老中に抜擢され、しかもその二日後の十三日、水野が罷免されたのであった。この一連の発令は家慶以外の者にはできないことであることを思えば、他日を期して正睦に再任のチャンスを与えたのも、やはり家慶だったといわざるを得ない。

弥一兵衛の先見、実に火を睹《み》るよりも明きらけし。正睦の辞職後十二年にして、再び老中となり、且つ首座に推さるるに至る。（『正睦伝』）

この老中再任の例としては、近くに松平伊豆守信明がある。彼は寛政改革の松平定信の同志で、天明四年（一七八四）に老中となり、定信や前述の堀田正順等が辞めたあとも本多忠籌《ただかず》、戸田氏教《うじのり》等とともに幕閣に留まって、寛政改革を続行し、享和三年（一八〇三）一旦辞職するが、文化三年（一八〇六）再び老中首座となり、同十四年八月病死するまで、前後二十六年幕政に尽した。

幕政が弛んだのは信明の死後首座となった水野忠成《ただあきら》以後のことで、それが極わまったのは、その死後幕政を壟断した三悪人、若年寄林忠英《ただふさ》、御用取次水野忠篤、小納戸取締美濃部茂育《もちなる》等が家斉を操った「大御所時代」であり、彼らを一掃して水野による天保改革を実行に移したのが家慶であった。

父家斉の五十年にわたる善政悪政を見てきた彼は、用うべき人とその機を知る将軍だったといってよい。決して松平春嶽《しゅんがく》がその遺著『逸事史補』の中で評したような「凡庸の人」ではない。

彼は鳥居らの悪党に誤られた水野を、堀田の辞めた五日後に罷免したが、堀田の後任にはすでに阿部を準備任命していて、三人の老中を一挙に動かす電光石火の人事を断行したのであった。

正睦が溜の間にあった十二年間に、その存在が物をいい、歴史に微妙な影響を与えた事例がある。弘化四年（一八四七）、井伊直弼《なおすけ》が父直亮《なおあき》の病のため代理として溜の間に詰めるようになったとき、新入りの彼が戸惑っているのを庇い助けたのが正睦で、井伊は以来これを徳としていた。嘉永三年（一八五〇）、阿部が彦根藩に浦賀周辺の警備を命じたとき、これに逆らった井伊を宥め、阿部との間を取り持って、その命に服させたのも正睦であった。

さらに阿部の没後、安政四年（一八五七）秋、正睦の開国方針に逆らった溜の間諸侯を、今度は井伊が上府の途上これを聞いて押さえ、正睦を助けたこともある。安政五年六月二十三日、老中堀田正睦を罷免したのは、大老井伊直弼であったが、その在任中の五月二十日、日米修好通商条約は調印されていた。その前後、二人の友情については第十四章に詳しく再述したい。

ここで話を戻して、天保十四年（一八四三）正睦が老中を辞めて溜の間詰となってから、安政二年（一八五五）老中首座に再任するまでの「十二年間」、佐倉藩主として何をしたかを述べたい。天保十二年から十四年までの老中在任中は、ほとんど何もしていないとたびたび述べたが、その間、藩主としての活動は少しも衰えていない。

その理由の一つは、江戸と佐倉が急げば一日で行ける行程であること、遠国の藩主は参勤交替のため一年おきに在府と就藩を繰り返しているが、正睦の場合、前述のように一年のうち半分は佐倉にあって、藩政に尽瘁できたからである。

第一、文武の奨励

正睦の三代前の藩主正順は、大坂城代、京都所司代を歴任し、松平定信の信任厚く、老中昇任を前に定信とともに引退したこと前述した。

この正順が、市内宮小路に温故堂と称する学校を創った。正睦は「巳年の改革」のとき、天保五年四月、城中三ノ丸に西塾、海隣寺曲輪に東塾を開き、千葉の南庠《なんしょう》（学校）、柏倉の北庠《ほくしょう》を併せ、四か所で文学、すなわち儒学を学ばせた。

越えて七年十月、正睦は本格的な学校を宮小路に建て、成徳書院と名づけた。

その規模は広大で、講堂、塾舎、聖廟、書庫、寄宿房等が並び建ち、温故堂のほかにも六芸所を設けて、礼楽射御《ぎょ》書数のほか医学をも教えた

「御」とは馬術のこと、ここで伝統的な六芸のほかに「医学」を教えたことは、後述するように、佐倉藩の新しい伝統の始まりといってよい。

この成徳書院では「程朱《ていしゅ》の学」を講じ、「是より経史を修め、詞を学ぶ者多く、奎運（文運に同じ）隆々として興り、人材又彬々《ひんぴん》（続々と）として出づ」（『正睦伝』）という盛況で、学園の荒廃した天保初期の頃と比べればほとんど隔世の感があった。

文学に対して武術の奨励は正俊以来行われていたが、士風の頽廃とともに不振の状態にあった。正睦は天保十年、演武場を建て本格的に武術奨励に乗り出し、兵学、弓術、馬術、刀術、槍術、砲術、

柔術の七つをそれぞれ師範を置いて教えた。

文武は経国の基礎にして二者並行すべく、決して偏廃すべきにあらず。故に此れに来りて武を学ぶものと雖も、経史講義の日は必ず温故堂に出でて聴講すべし。(『正睦伝』)

開場に際し正睦はこう訓諭し、演武場が温故堂と同じく成徳書院の両翼であることを知らしめ、文武両道が武士の理想であって一方に偏することを戒めた。

第二、兵制改革

堀田家は井伊、酒井のように戦場における武功によってではなく、正盛以来文治の業績によって興った家であって、その伝統は正睦の祖父正亮が老中首座として九代家重を支えた例にも見られること、たびたび述べたとおりである。

武より文の家とはいえ、武士の心構えとして「武道」も奨励してきた。正順のとき、甲州流により藩の兵制を定めたが、そのままでは時勢の変化に応ずることはできないと正睦は広く諸流を比較研究して、長沼流が最も実用に近いと判断し、弘化三年(一八四六)六月、藩士宮崎平太夫がその術を修めたことを知って軍師に取り立て一藩を教練させ、嘉永二年(一八四九)十二月、さらに奥州三春の浪士野備斎を聘して教授とした。

しかし、一方では右のような日本古来の兵法より、西洋兵法の断然秀れたことを早くから知って、家臣斎藤碩《せきご》五郎《ろう》たちを高島四郎太夫(秋帆《しゅうはん》)につけ、「西洋銃砲」を学ばせた。天保十二年(一八四一）五月、高島が徳丸ケ原で、独力で輸入した砲二門と銃装三大隊の兵士によって、それを実演したことは広く知られている。

正睦はさっそく家臣をその門に送って学ばせたのであるが、嘉永四年、碩五郎ほか三名を松代藩の佐久間修理について学ばせた。翌五年碩五郎学成って帰郷すると、翌六年七月、佐倉城中に西洋砲術の教場を設け、藩士二十七人を選抜して練習させた。ペリーの黒船が浦賀に現れた翌月のことであるから、その練習にも力が入ったことであろう。

こうした実地の練習のほかに、兵法を理論的に究めるため、蘭学を修めた木村軍太郎を近習に進めて西洋の兵書を研究させ、この年十二月終に旧式の火縄銃を廃するに至る。

安政二年にいたりて、断然一藩の兵制を改革し、旧来の弓組、長柄組、及び旧砲術を廃し、西洋の歩騎砲三兵に倣いて、新たに兵式を定め、上士を以って騎兵隊となし、中士及び諸士の子弟を以って大砲隊となし、足軽を以って小銃隊となす。（『正睦伝』）

「西洋の歩騎砲三兵」をそれぞれ足軽、上士、下士にあてはめたこのアイディアはまことに卓抜と称してよい。銃剣を構えて歩兵の集団が攻撃して来る。その頭上に大砲で榴霰弾を打ち込み、横から騎兵が殺到して敵の隊列をバラバラに崩し、退却に追い込む戦法が、当時「三兵タクチーク」と呼ばれていた。

ドイツの陸軍将校フォン・ブラントが著した『歩騎砲三兵戦術書』を、高野長英が翻訳刊行したのが弘化四年、八年前のことであり、以来その写本が多く出まわって新しい兵制の教典となっていた。幕府が正式に「歩騎砲三兵」を取り入れ、ズボンを穿いた兵士に小銃を担がせたのは、このときより七年後の文久二年（一八六二）のことと思えば、正睦の先見とその実行力が、如何に時代を抜いていたかを知るべきである。

次に述べる「蘭癖」以上に、この近代兵制を先行実施したことが、十二年のブランクのあとの老中再任の切り札となったと、多くの史書は語っているのである。

第三、医学の奨励

ここまで述べてきた藩政改革、兵制改革と並んで西洋医学の導入奨励は、正睦の事蹟として最も後世に伝えられるべきものである。

長崎のような西洋人との接触の古い長い歴史を持つ場所とは、およそかけ離れた、江戸に近いとはいえ草深い佐倉に、何故蘭学が興り西洋医学が普及発達したのか。

それを積極的にリードしたのは、もちろん正睦である。ちょうど日本古来の兵書を調べ、一旦長沼流を採ったが西洋兵制に遠く及ばないことを知って、直ちに切り換えた決断は医学においても発揮された。

中国伝来の漢方医学が当時の主流であったが、異端の蘭医学を断然採り入れた原因、あるいは動機は何であったか。

ここでも渡辺が登場する。

会々《たまたま》渡辺弥一兵衛癰《よう》を患う。衆医手を尽せども効なく、蘭方医の治療を受くるに及んで立ちどころにに癒ゆ。
正睦これを聞きて、大いにその巧妙に感じ、益々その技術を伝習せしめんと欲し、天保九年中、侍医鏑木仙安に命じて、業を阮甫に受けしめ、十二年、更に長崎に遣わして其技術を研究せしむ。
(『正睦伝』)

確かにそのきっかけは渡辺の癰にあったが、佐倉藩における医術はこれも正順に始まる。彼は人命の尊重すべきを知ってそれを奨励していたのである。

正睦が文武両道を奨励したこと前述したが、国学、漢学とともに蘭学に注目し、藩主となってのち、戸塚静海を招き侍医に準じ俸給を与えていた。静海は遠江国掛川の医家に生まれ、文政三年(一八二〇)江戸に出て宇田川榛斎《しんさい》の門に入り、その勧めで長崎に赴きシーボルトに師事した。その事件に連座して数か月幽囚の身となったが、釈放後も長崎に留まり、天保二年帰郷、その翌年再び江戸に出て茅場町で開業していた。正睦はその評判を聞いて招いたのではないか。彼は当時開業医伊東玄朴《げんぼく》、坪井信道《しんどう》とともに三大蘭医として知られていた。

一方、仙安は翌天保十三年、学成って帰郷し、医学局の都講(助手)となって「西洋医法」を教授するようになった。これが佐倉藩における洋医の嚆矢である。

十四年、仙安は同窓の医師柴百之、広瀬元恭《げんきょう》とともに、臼井村野谷で刑死の罪人を解剖し、門弟たちに示して医術研究の資とした。「是れ実に破天荒の事たり」と『正睦伝』は記すが、場所については異説もある。いずれにしても正睦の許しあってのことに違いない。

広瀬元恭は静海と同じく甲斐国医家の出身で、十五歳のとき江戸に出て前述の坪井信道に十余年師事、その塾頭をつとめた。その後、大坂の緒方洪庵《こうあん》にも一時師事し、京都で時習堂を開塾して蘭学を講じ診療にあたった。著訳書多く、医書のみならず兵書も訳していて、慶応元年(一八六五)、幕府の命で勝安房(海舟)とともに京都守備のため山崎、八幡に堡塁を築いた。豪放な人柄で力士や頼三樹《らいみき》三郎《さぶろう》、梁川星巌《やながわせいがん》ら勤王の志士たちとの往来もあったという異色の蘭医であった。

この閏年の九月八日、正睦は老中を正式に罷めている。実質的にはその春辞表を出して以来、老中の勤めより藩政に力を入れていたのではないか。

その一つが蘭医学であって、名医佐藤泰然はこの年佐倉藩に召抱えられている。つづいてその門人三宅艮斎《ごんさい》も御雇になり、医学所において医書蘭書の講義、解読、処方等が始まり、その生徒は近国はもちろん、はるか遠国からも来るという盛況となった。その中心、象徴的存在が泰然の創立した順天堂医院で、そのあと連綿として今日の東京お茶の水順天堂大学病院につながる。その経過については本章の終りに再述したい。

第四、民政改革

正睦が藩主となってまもなく、渡辺を中心に調査立案させた「巳年の改革」の目玉、藩士に貸与した金員は、天保十四年完済されたことをまず述べたい。

貧窮した藩士たちはこの貸与金によって一息つき、その後も倹約に努め文武に励みつつ、その返済を果たしたのであった。正睦はそれでもなお困窮する者のため弘化元年十一月七日、引きつづき貸与を希望する者にはこれを許すが、けっして武備をおろそかにしてはならぬと告げた。

前回貸与を受けなかった者四十五人であったのに、今回は百三十人で約三倍となり、正睦はこの人たちに褒美の品を与え、その心がけを賞した。

こうして家臣の経済は一息つき、その窮乏は一まず救済されたが藩の財政はなお依然として苦しく、整理するに至らなかった。

これは正睦が公職、すなわち老中に就任したための経費が増したこともその一因であったが、前述のように短期間にこれを辞し、藩政に復した結果、嘉永元年には多年苦心の結果がようやく現れて、財政は少しずつ順調に向かい、藩財政にもまた少しずつ余裕ができるようになった。

そこで正睦は苦楽をともにした家臣たちに報い、宝暦十三年（一七六三）以来行ってきた宛行扶持《あてがいぶち》、歩行《ぶびき》を廃して本途渡《ほんどわたし》（禄高どおりの本俸）に復した。じつに正亮以来八十六年ぶりのことであった。

しかし、この完全な本途渡は永くつづかなかった。嘉永三年十月二十五日、再び十三俵以上の家士に対して歩引を行うようになる。ペリー来航の三年前の時期で、兵備の費用が抑えられなかったからであろう。

次に具体的に民政改革の例を挙げる。

第一が洗児の禁制である。

上総《かずさ》・下総《しもふさ》（千葉県北部）のあたりには古くから弊風があって、多産は渡世の妨げとなるとして、総領の子だけを養育して、その他は堕胎するか、あるいは子の産まれたとき布団の下で圧殺した。俗にこれを間引と称したのである。

その当時この悪習は当然のこととして誰も怪しむ者はなかった。正睦は慨嘆し、断然これを禁圧しようと郡吏老臣に諮った上、自らの手書を下して、これを戒めた。

在中にて、胎内の子をおろし、うぶ子をつぶすこと、これある由、鳥獣さえ子をかわいがり、おのが命をとらるるまでも子をうばわれじとするものなるに、ましてや人として子のかわいくなきものはあるまじきけれど、全く田畑かせぎのさまたげと厭い、貧しさにかけてのわざなるべし。

（『正睦伝』）

正睦は堕胎など洗児の原因は農民の貧窮にあることを知りながら、なお次のように諭す。

まれに子なき人、いか程ほしく思いても金銭にて買われぬものなり。それを親の手づから殺す事、鳥獣にもおとりたるわざにて、右様のことといたす人は神仏もながくにくみたまい、天の咎めものあたりにて、其家によきことは来らず、終わりにはますますこんきゅうするなり。此の道理をよくわきまえ、此後我等領内にて、子をおろし、つぶすこと決して致すまじく候。（『正睦伝』）

正睦は郡奉行代官を領内に派遣して、この手書を読み聞かせて非行を改めさせたが、この弊風は上総下総に限らず関東一円に及んでいることを知って、常州（常陸）、野州（上野、下野）、武州（武蔵）、相州（相模）などの飛地領にも役人を派遣し、懇ろに説諭させた。

彼の努力は次第に表れて、天保元年より九年の間、人口の増加数は男女併せて一〇人余りにすぎず、男子は逆に十余人の減少を示していたのが、反対に天保九年より安政五年に至る二十一年間の増減を見ると男女併せて一万二三三八人の増加で、一ケ年の増加数は一躍五八七人余りの多数に上った。

右の調書は必ずしも完全なものとはいえないが、その大勢を知るに足る。

「正睦の心を民治に注ぎ、意を人道に用ゆることの厚きこと、以ってみるべきなり」（『正睦伝』）といってよい。

次に民政改革の例として刑獄の改良を挙げる。

当時どこの藩でもそうであったが、罪を犯した領民はこれを境外に追って、郷里に住むを許さなかった。これが「追放」の刑であるが、一度これに処せられた者はほとんど赦免の機会なく、終生故郷に帰ることができなかった。

佐倉藩でも正順のとき笞杖（鞭打ち）の刑を創めたが長つづきせず、罪人は追放されていた。正睦は愛民の考えから、その非を改めるよう諭した。

罪あるものは尽くこれを逐わんか。民口月に減じ年に減ず。是幕府育民の趣旨に背く。凡そ刑罰は政教を輔《たす》くるの具のみ。唯其の非を懲らさんが為にして其人を悪むに非ず。濫《みだ》りに重刑を加えて其目的を誤るべからず。（『正睦伝』）

愛民とは領民を愛児と同じように視る意で、親は我が児を叱って一時追うことがあってもその帰郷を許すが、領民の場合も藩主はこれを許すべきだというのである。

嘉永二年四月二十八日、牢獄の側に笞杖の場を設けて、軽罪のものにはこれを加えて追放の刑を止め、別に黥刑《げいけい》（刺青）の採用などを考えさせた。

当時入獄した囚人に対してはその家人が食事を送る習いであったが、貧困のためそれができないときは、親戚または隣人がこれを助けた。また遠距離のためそれができないときは、城下の旅宿に頼んで食料を送らねばならなかった。その費は馬鹿にならないから家産を傾けるものが出る。長期の在獄のときは親戚隣人もまた困窮して、周りの人々すべてが苦しむという悲惨なことになる。弘化四年四月二十日、正睦は右救済のため内庫の金を出して基金とし、その利子で一日二回の食事を給することとした。

かつて藩士の貧窮を救うため、藩で金策して資金を集めこれを年賦で貸与したときと同じやり方で、領民から搾取するのではなく、藩士同様これを愛し育むのが正睦の信念であった。

第三に正睦はさらに一歩を進めて、民政の最終的改革を実施する。

嘉永五年十月十六日、執政に命じて左の諭告を発した。

郡奉行は治民を委任させられて其職重く其責大なり。宜しく公平を尚《とうと》び寛大を旨とし、小事はこれを属僚に委ねて自ら其大体を統《す》ぶるを要とすべし。然らずんば役威重からず民信自ら軽し。(『正睦伝』)

これは民政の最終責任者としての郡奉行の心得を諭したもので、ついでその実務にあたる代官や手代にも同様の心得を諭す。

近時濫訴の風を生じ、健訟の弊を来して民心甚だ穏やかならず、是代官手代の輩些事と雖も一々これを受理し、為めに内事も公事となり小事も大事となりて、終わりに一家一村の浮沈に関するに至るに由る。(『正睦伝』)

「濫訴」「健訟」いずれも、ちょっとした揉め事を何でも訴訟裁判に持ち込む弊をいう。日頃領民に接している代官手代たちが、もっと親身になって常に村々を巡視して平和と静穏を計るべきである。

村治の急務は村吏其人を得るに在り。村吏の正邪は直ちに一村の安危に関す。宜しく公平無私の心を以って、常に其良否を察し其進退を計るべきなり。治民の術は公正なるべし。苛酷なるべからず。苟《いや》しくも其負担を増し苦痛を感ずるとの如きは、成るべくこれを避けてこれを行うべからず。（『正睦伝』）

事にあたって手代の手に余ると思えば代官に申達し、さらに奉行に申達すれば、奉行は治民の最終責任者であるから百事自ら専決すべきである。だいたい下民を毒するものは下僚の輩であるから、常に其邪正を察し善悪を糺し、もし私曲邪慾の者があれば、容赦なく免職すべきである。

近年領民に不平ありと聞いている。これが訴訟事の多い理由だが、本来は彼らは昔から領内に住む民であるから、役人たちが慈愛の心、誠実の意を持って彼等に接すればみな悦服して生活し、日々の勤めを楽しむに違いないと、正睦はこの長い諭告を結んでいる。

そしてこの月二十七日、郡奉行に命じ左の善行ある人々を選んでこれを賞与した。

一、治め方宜しき明主役人。
一、父母に孝なるもの。
一、家内睦まじきもの。
一、格別農業出精のもの。
一、収納出精のもの。
一、人の難儀を救い、施しを致すもの。
一、貧窮にて正直なるもの。女は貞実を守るもの。　（『正睦伝』）

この日、正睦は領内各村の名主長および総代一名ずつを館庭に集め、この年の租税三十分の一を免除すると告げ、これからもますます農業に励み、一村の和を計るよう諭した。まことに至れり尽くせりの措置といってよい。「三十分の一」というごく低率ではあるが領民の心に届き、通じるものがあったはずである。

こうして民政の改革を進めた正睦はそのすぐあと、十一月二十七日、左のような目安箱を城下横町の高札場に掲げた。

一、御仕置の儀に付、為になるべき事。
一、諸役人を始め頭立ち候もの　私曲非分（自分の利のためあめ法をまげる）これある事。
一、訴訟これある時、役人詮議を遂げず、永久捨て置き候事。（『正睦伝』）

「目安箱」は八代将軍吉宗が創めた投書函である。正睦はこれにならい、毎月二十日から二十四日の間、これを掲げることとした。民政改革の駄目押しといってよい。

さらにここで正睦は何でも訴訟に持ち込む悪習を根絶しようとして、民間の名望家を選んで訴訟の和解にあたらせた。これを「五郷取締」と称したのは領内を五分して一郷に一人を置いたからである。

しかしこの名案もあまり長つづきはしなかったようである。取締たちは「其任に在ること久しくして、意満ち心驕り、原被両告より貨財を貪る」（『正睦伝』）ようになったからである。まことに民政とは難しきものというほかない。

第四章　佐藤泰然と佐倉順天堂

東京お茶の水のJR駅を出ると、濠を挟んで順天堂病院の高い棟が聳えている。百五十年余りの歴史を持つこの順天堂を佐倉に創めたのが蘭医佐藤泰然《たいぜん》で、それを援けたのは渡辺弥一兵衛であり、泰然と二十年にわたって君臣の関係にあったのが正睦である。

のちに佐倉が長崎と並ぶ蘭学の地と称され、正睦自身「蘭癖」と呼ばれるまでに西洋医術学問がこの地で盛んになったのは、この泰然の存在があったからといっても過言ではない。

彼は外科医として傑出していたばかりでなく、病院の経営、子弟の教育にもその手腕を発揮した。のちに正睦が老中再任してからは外交問題について彼にアドバイスすることもあったようである。「ようである」というのは二人の間に書信の往復はなかったから、史実として残されるような資料もないからである。

天保十四年(一八四三)八月二十日、泰然は佐倉藩藩医の飯塚検校《けんぎょう》同道で渡辺の家に安着したと『順天堂史』は記す。以下本章の引用はこの書に拠る。

泰然は佐倉に移っても藩医として堀田に仕えたのでなく、客分として待遇され、町医として開業した。正式に藩医となったのは十年ほどのち、嘉永六年（一八五三）のことである（『順天堂史』）。

開業した場所は町の東端本町で、

佐倉城は町の西端にあるので、泰然の住居すなわち順天堂はその反対の位置にあり、半里ほど離れている。藩主の侍医などが住むには適しない。(『順天堂史』)

江戸において蘭医として知られていた泰然を佐倉に迎えるにあたり、藩医として待遇せず、しかも町はずれに住まわせたのは、おそらく渡辺が正睦と図った深謀遠慮と思われる。

第一に考えられるのは、藩医たちとの摩擦回避のためであろう。佐倉藩にも代々藩に仕える漢方医がいて、それなり待遇地位を与えられていたから、仮に泰然がその手腕を発揮して難病人を助けたりすれば、彼らの面目を潰すことになる。

そもそも渡辺が蘭医を招こうとしたのは、自分が癰《よう》に苦しんだとき、蘭医によって救われた経験があったからで、一方泰然のほうにも江戸を離れたい理由があり、おそらくそれを聞きつけて渡辺が勧誘したものと思われる。

そこで、泰然がその決心をするまでの経過をあらまし次に述べたい。

泰然が三年余りの長崎留学を終えて江戸に帰ったのは、天保九年(一八三八)の五月ごろであろうといわれる。(中略)そして間もなく両国橋の袂に近い薬研堀に居をかまえて医業をひらき、門弟を教えて和田塾と称した。当時和田姓を称していたからである。(『順天堂史』)

その頃の江戸の蘭学塾の形勢をみると、シーボルトの教えを受けた伊東玄朴《げんぼく》は天保四年から下谷に象先堂を開いており、同じくシーボルトの弟子戸塚静海は天保二年から茅場町で開業していた。

また玄朴と並び称される坪井信道《しんどう》は文政十二年(一八二九)深川に、初め安懐堂、ついで日習堂を開いて蘭方を講じた。一方、大坂で緒方洪庵《こうあん》が有名な「適塾」を開いたのが泰然と同年の天保九年であった。

すなわち和田塾は蘭方を教える所として決して最古のものではないが、それが連綿として続き今日の順天堂となっている点が、他に比類を見ない。そして西洋外科を専門として実施したことに大きな特色があった。(『順天堂史』)

長崎でシーボルトの弟子にあたる楢林栄建、宗建の教えを受けたといわれる泰然の和田塾は順調に発展したが、五年後の天保十四年に前述のように佐倉に移ったのは、「三方領地替」という政令に反する運動を、泰然の兄藤佐が積極的に進め、それが当時の実力者老中首座の水野忠邦に睨まれ、その密偵報告に弟の泰然の名も出る情勢になったからという。

こういう政争にまき込まれることを泰然は性格的に好まなかったこと、それと伊東、戸塚、坪井等蘭医の大先輩がすでに地盤をつくっている江戸を離れて、子弟の教育もできる開業先を探していたこと、この二つ目は私の推測であるが、こういう心境にあったとき渡辺の勧誘に応じたのではないか。

順天堂を開くにあっても、わざわざ辺鄙な場所を選び、俗事に煩わされることなく診療と教育に専念できる「自由」を望んだからと私は見たい。そしてその志を知り援けたのが、繰り返すが渡辺であり正睦であった。

正睦がいわば浪人の泰然を十年間そのまま気楽にやらせ、そのあと給人《きゅうにん》、すなわち藩士としての資格を与えたのは、前藩主時代から権力を握っていた家老たちを、時間をかけてその地位から逐い、禄を消滅したやり口の、ちょうど逆の行き方を示している。

泰然の外科医としての手腕、教育者としての能力を示す塾生の増加、すなわち順天堂の繁昌を誰もが認めるようになった時点で、正睦は正規の藩士として泰然を遇し、公然と重用するようになったのであろう。

それに応えて、泰然は実子としてのちの軍医総監松本順（良順）、外務大臣林董《ただす》がいるにかかわらず、弟子の中から山口舜海（のち佐藤尚中）を選んで養嗣とし、さらに尚中は、やはり弟子の中から佐藤進を三代目に撰び、順天堂の今日ある伝統を築いたのであった。

正睦の人物眼とその用い方を示す好例であり、老中首座となってから阿部正弘亡きあとを継いで、アメリカと通商条約を結び日本が西洋列強と安定した外交関係を築くまでの人材の使い方もまたこの例につづくものである。

第二部

第五章　在藩中の内外政治情勢

堀田正睦が老中辞任を認められたのは、天保十四年（一八四三）閏九月八日で、再任された安政二年（一八五五）十月九日までの丸十二年間、藩地にあって治績をあげたあと、堀田が再び老中として内外の幕政に加わり、二年後、阿部の死によって名実ともにその首座となり、安政五年六月二十日アメリカ総領事ハリスと下田奉行井上清直、海防掛岩瀬忠震《ただなり》の間で日米通商条約が調印される。このときは堀田の上に大老井伊直弼《なおすけ》がいて、この条約調印拒否権を持っていたのであるが、その発動を控えた。完全開国を意味するこの条約成立の政治上の責任者であり功労者は、当時依然として老中首座の席にあった堀田正睦である。

のちに明治新政府のスローガンとなった「富国強兵、殖産興業」を最初にいい出したのは阿部であり、その緒を啓いたのが堀田であることを、史実によって明らかにすることが第五章以下の主題であるが、まず阿部が何故堀田を再起用したのか、当時の外交情勢とともに考えてみたい。

天保十四年の閏九月八日、堀田が最初の老中を退いた三日後の同月十一日、二十五歳の寺社奉行阿部正弘が老中に列せられ、その二日後の十三日、老中首座水野忠邦が罷免されたこと前に触れた。水野のあと、老中首座すなわち今の首相にあたる地位を命じられたのは、次席の下総古河藩主土井利位《としつら》であった。いわゆる順送りで年長かつ政治経験の深いことから、阿部が政治的に成長するまでのつなぎであったことがのちにはっきりしてくる。この一連の重要閣僚人事は、もちろん十一代将軍家慶の意志による。

わずか一週間足らずうちに行われた決断であるが、この中で堀田が溜の間詰を命じられていたことは、のちの再起用と考え合わせると非常に重要な人事であった。その理由を次に述べる。

溜の間は将軍出座の間に最も近く、老中たちが将軍に謁する前の控の間でもある。ここに詰める当時のメンバーは、彦根の井伊家をはじめ、会津・高松・桑名・忍の松平家、姫路の酒井、伊予松山の久松松平家の当主たちで、それに佐倉の堀田が加えられたのである。

一見して家門譜代の有力大名が詰める門閥守旧派の牙城であることがわかる。改革を志す阿部は最後までこれにアプローチすることなく、いわば敬遠していたのであるが、弘化の終わり頃、当時会津藩とともに江戸湾警備に加わっていた彦根藩主の井伊がそれに不服を唱え、阿部と対立しようとしたことがある。

彦根藩は本来京都守護の任にあり、それに戻りたいというい い分であったのを、堀田が間に入って事なきを得たのであった。井伊がいい分を引っ込めたのは、彼が溜の間新参の頃、堀田の庇護を受けた恩義があったからであることは前述した。

家慶の計らいがこのとき役立ったのであるが、そうしたことを予見して彼が堀田を溜の間に残したか否かは不明である。老中在職中これという仕事もせず二年余りで退いた堀田を、最有力譜代大名の間に残したのは、やはり家慶の人物眼であり、その直後にわずか二十五歳の阿部を老中に引き上げたのも同様である。

ただ家慶がその意志を実現できたのは堀田家が正盛、正俊、正亮と大老、老中首座を出している名流で、井伊たち恩顧譜代や家門メンバーと比べて遜色なかったからである。のちに阿部が堀田を老中に迎えたとき、自ら退いて堀田に首座を譲ったのもこの家格を重んじたからであった。

では、何故この時期に堀田を幕閣に迎えたのか。

安政の大地震が起きたのは二年十月二日、その一週間後に正睦は将軍家定の命で老中首座についた。もちろん阿部の推輓《すいばん》による。堀田にとっては寝耳に水であり、それを阿部から告げられたのは地震翌日の三日、一週間のあと堀田は決心を固め、首座を受けたのであろう。

では何故阿部は正睦に白羽の矢を立てたのか。当時からこの幕府最高人事をめぐって議論百出である。

阿部一流の唐突な発表であったから、誰もが意外と感じ、驚き騒いだのも無理はない。人々の見方も堀田との関係や立場によってさまざまであるが、これも一つの堀田の人物論であるから、主なものを次に紹介したい。

まず徳川斉昭は、老中という最高職の人事を御三家に相談せずに決めたと怒った。もともと彼は堀田の「蘭癖」が嫌いであった。このときから三月ほど前、斉昭は老中の人事に介入して松平乗全《のりやす》、同忠固《ただかた》の二人を罷めさせた。そのとき阿部とのやり取りの中で、阿部が堀田の入閣をほのめかしたとき、「桜」は否と、斉昭ははっきり反対した。桜とは佐倉を指す。その堀田を入閣させ、しかもトップに置いたのであるから、無視された斉昭が怒ったのも無理はない。

薩摩藩主で外様大名の詰める大廊下の盟主、島津斉彬《なりあきら》も意外のことと驚いたが、これは阿部が長岡藩主牧野備前守忠雅と相談して決めたことと推測し、しばらく様子を見ようという態度であった。

この二人の反応はいずれも大広間に詰める家門の盟主松平慶永《よしなが》が書簡の中で述べていることで、同じく譜代の詰める帝鑑の間の有力大名、柳川藩主立花鑑寛《あきとも》は、堀田は「招牌」看板であって、実権はやはり阿部が握っているのだと慶永にいっている。おおざっぱにいって、この見方が当時一般的ではなかったか。

ここでもう一つ挙げると、慶永の側近、謀臣である中根靭負《ゆきえ》はその著『昨夢紀事』の中で次のように評している。

福山侯（正弘）の先智自ら其威勢の盛大なるを戒慎したまい、事に害なき先輩を選んで首座に薦め、其権を分かちたまう智術に出でたる事。

主慶永の見方もこれを同じと見てよい。

阿部が堀田の陰に身を隠したのを「智術」としているが、実際は両松平という有能な老中を辞めさせたあと、阿部は書類の山を家に持ち帰り、その整理に心身ともに疲れ果てていて、後任を必死に探していたのである。

阿部が堀田とこの十二年間どのような関係にあったのか、その間の交友についての史料は見あたらないのであるが、堀田を幕閣に迎えた最も有力な根拠は、ペリーの去ったあと、阿部が広く開国について諮問したときの堀田の答えであろう。

彼に堅牢の軍艦これ有り、我が用船ハ短小軟弱、是彼に及ばざる一ツ。彼は大砲に精しく、我は器機整わず二ツ。彼が兵は強壮戦場を歴、我は治平に習い自ら武備薄く是三ツ。右三ツにて勝算これ無く候間、先ず交易御聞届け十年も相立ち、深く国益に相成らず候わば其節御断り、夫までに武備厳重に致し度候。夫とも国益に候わば其儘然るべきや。(『正睦伝』)

当時明快な開国通商の意見として有名である。とくに最後の、国益になるならそのまま続ければ良い、とは思い切った結論であり、当時幕府内でここまで腹案を持っていたのは、阿部と筒井政憲の二人しかいなかった。もちろん阿部はそれをはっきりいえる立場にはなく、外部から見れば曖昧模糊とした、進むのか退くのかどっちつかずの態度で、ペリーの再来を待つことになる。

そのときも交渉ギリギリの段階で、勘定奉行松平近直を通じて代表の林大学頭に、老中たちが最終的に責任をとるからとにかく日米和親条約をまとめろ、と命じたのであった。

無視された斉昭が井伊はじめ溜の間詰の有力大名を集めて、強硬な反対論をぶったが誰も応ずるものなく、憤然と席を立ったことよく知られている。当時「海防」参与であった斉昭は、このあとそれを辞するが、安政改革と称せられる近代的陸海軍創設の際、再び幕府に迎えられ「軍制」参与となった。斉昭はその名称に関係なく対露交渉など外交問題にも容喙して阿部を悩まし、再び幕府と疎隔していたのが、前述のように両松平を辞めさせたあと「幕政」参与として三度幕府に迎えられたのであった。

三度目の参与ももちろん阿部の計らいによるが、これはとにかく斉昭を幕府内に取籠めておくという目論見によるもので、実際に阿部から斉昭に対して「幕政」の相談は皆無であった。

斉昭自身、阿部は自分のことをどう考えているのだろうかと、慶永に手紙を書いているこの年の九月頃、ちょうど書類の山を家に持ち帰っているとき、阿部は堀田の起用を決心して、その機をうかがっていたと見てよい。

そののち二年足らずのうちに阿部が病死したことを考え合わせれば、自分の後継者をこの時点で決めたことになる。阿部の人物眼、その観察力、洞察力の抜群であったことを示す堀田の起用であり、堀田が見事にその任を果たした経過を次章以下に詳しく述べたい。

第六章　老中再任、外国事務取扱となる

堀田が外交専任の老中として将軍の命を受けたのは、首座となってちょうど一年後の、安政三年（一八五六）十月十七日であった。

近来外国の事情もこれ有り、このうえ貿易の儀御差し許し相成るべき儀もこれ有るべく候につき、外国事務取扱仰せつけられ候、御取締り向を始め、大業多端の儀にもこれ有り候間、要領の儀は一同申し談じ、精々心を尽し、相勤め候様、右については当分の内、月番は相勤め候に及ばず候間、海防月番は一手に引請け、御勝手月番の儀は、これまでの通り相勤め候様仰出され候。（『大日本古文書』外国関係文書之十五、以後「外国関係文書」と略す）

そして堀田がその開国具体案を海防掛、勘定奉行に諮ったのは、翌安政四年正月で、このときから堀田外交は事実上開始されたのである。その頃すでに阿部は肝臓癌に冒され、五月から登城もできなくなり、六月十八日、十五年に及ぶ老中在職のまま世を去った。

この時点で堀田は名実ともに幕閣の主となったのである。

溜の間にあった十二年は登城の機会も多く、阿部の主導による幕政の推移も見てきたから、首座となって別にあわてることもなかったろう。そして老中再任後さらに一年半の準備期間があったことは、

それが阿部の計らいであったにせよ、幸運であった。

初めの一年は再任して実務に慣れるまでの期間で、半年は堀田外交のための準備期間であり、阿部の没後は開国へ向かって一路邁進することができた。ここで同じく開国を志した阿部外交のあとを概略述べておきたい。

阿部正弘が弱冠二十六歳で老中首座、今の首相の地位についた弘化二年（一八四五）二月、アメリカ捕鯨船マンハッタン号が、洋上で救助した日本人二十二名を乗せて房総沖を江戸湾に近づいていた。船長マーケター・クーパーは、この種の難民を日本に送り届けても長崎以外では受け取らない、という幕府の布告を知っていたが、彼らを少しでも早く上陸させたい気持ちから敢えて浦賀を目指した。

在府浦賀奉行土岐丹波守頼旨《よりむね》はクーパー船長の意を汲んで、直ちに難民を受け取ることを上申した。阿部は将軍家慶の許しを得、人道上「権宜」（特別）の措置としてこれを認めた。

如何なる理由事情があっても、夷船、すなわち外国船は長崎以外に入港を許さない、という二百年来の鎖国がこのときほころびたといってよい。アメリカ船が浦賀に入ったというニュースは、西洋諸国にも当然伝わったと見られるからである。

そして翌三年六月、今度は軍艦コロンバス号他一隻が、アメリカと中国との間に結ばれた望厦条約批准書交換のため、広東に赴いた帰途浦賀に近づいた。日本との通商打診のため立ち寄ったのであるが、否という答えを聞いてそのまま帰航した。

このコロンバス号の少し前五月には、フランス軍艦二隻が琉球の運天港に入り、将官の提督セシーユは政庁に通商を迫った。当時琉球は中国と薩摩藩の両属下にあったから、この報は直ちに鹿児島を経て幕府に届いた。

このとき阿部は機敏に動いて薩摩藩に出兵を命ずる一方、フランスの要求を容れて、最小限の対琉球交易を例外措置として認めた。これも家慶の許しを得てのことで、その理由はフランス軍艦との間に紛争が起これば「国難を招く恐れ」があったからである。

こうした経過を見れば、弘化三年から数えて七年後、ペリーが四隻の黒船を従えて浦賀への来航は、すでに時間の問題であった。しかもその旗艦サスケハナ号は当時世界最新最大の軍艦で、長い射程と強力な破壊力を持つペキザン砲を備えていた。産業革命以来の近代機械技術の象徴ともいえる蒸気艦だったから、こういう現物を眼前にして幕府は何もできないと見た江戸士民の狼狽振りはよく知られている。

阿部自身こういう事態を早くから予想していて、その後の対策に機敏に動いた。嘉永六年（一八五三）六月、黒船の去った一週間あとオランダからの軍艦購入に踏み切り、偶々任地に赴く長崎奉行水野筑後守忠徳にその交渉を命じた。さらに九月十五日、寛永以来の大船建造の禁を解き、ここで鎖国令は完全に破られた。

その翌年春、ペリー再航によって日米和親条約が結ばれ、アメリカとの国交が正式に開始され、ついでイギリス、オランダ、ロシア、フランスに及んだ。

条約には長崎のほか新たに下田、函館二港を開いてアメリカ人の在留を認め、領事は十八か月以内に駐留するという条項があった。

安政三年（一八五六）七月、タウンセンド・ハリスが総領事として下田に着任、玉泉寺を領事館とした。彼の使命は日米修好通商条約の成立にあり、八月末浦賀奉行として同地に着任した井上清直との間に、その後一年半に及ぶ交渉が始まる。

このときハリスは、イギリスの香港総督ボウリングが艦隊を連れて来日するという情報をもたらした。これは実現しなかったが、一方オランダからはそれまでの幕府の規制下にあった管理交易から、「緩優交易」と称するより自由な貿易に改めよという強い要請が出て、長崎奉行も今はそれを認める時期に来ていると上申してきた。

このような客観情勢から、阿部は八月四日「互市交易の利益を以って富国強兵の基とする」という通商開始の諮問を、評定所、海防掛、勘定奉行はじめ関係出先に発した。前述のように十月十七日、将軍家定によってそれが幕府不動の大方針として認められ、その推進機関として二十日「貿易取調掛」が発足し、堀田はその専任を命じられたのであった。

それまでの「異国との交易」という辞に代わって「貿易」という言葉が初めて公式に用いられ、その「取調」メンバーには左の人々が選ばれた。

若年寄本多忠徳　大目付跡部良弼《よしすけ》　同土岐頼旨　勘定奉行松平近直　同川路聖謨《としあきら》

同水野忠徳　目付岩瀬忠震《ただなり》　同大久保忠寛《ただひろ》　勘定奉行吟味役塚越藤助　同中村時万《ときかず》

いずれも阿部が堀田と相談して決めたと思われる老練、俊秀であり、彼等が具体的に相手国とどのように貿易していくかを決めることになる。ここで取調とは、単に調査研究するだけでなく、その政策の立案、実行を含む辞であり、堀田はその最高責任者として、日米修好通商条約締結の大任を命じられたのであった。

以下は、その翌年六月二十日、アメリカ軍艦ポーハタン号においてハリスと井上清直、岩瀬忠震との間で条約が調印され、堀田はその直後井伊大老によって松平忠固《ただかた》とともに老中を罷免されるまでの、開国に一貫した彼の苦辛の道程である。

第七章　堀田外交の展開とその用兵

堀田外交の出発は、安政四年（一八五七）正月四日付け布告に始まる。

下田表滞在の亜米利加官吏より老中へ面会の儀、書簡を以って申立候趣は一先、下田奉行にて取扱候様相違し、書簡差遣候儀には候えども、此上申立候の次第に寄候ては、当地へ召呼ばれず候ては相成るまじきやに付、右の手筈に凡そ取極め候方然るべく、付いては官吏の儀は身柄宜しき者の由に付、右取扱方の儀は是まで和蘭加比丹の振合にも相成るまじく候に付、今般の礼節は勿論、取扱旅宿応接場其外共万端手抜無き様、廉々《かどかど》取調べ品々勘弁致し申聞けらるべく候事。（『文明公御事蹟・文明公記』）

右の前段は外国掛専任老中堀田が、ハリス出府の上アメリカ大統領の書簡を直接将軍に手渡したいという希望を、結局は認めざるを得ないだろうとその内意を示したものといってよい。本来書簡は下田奉行の手を経るべきであるが、江戸へ「召呼」ぶ場合があるかもしれないから、その「手筈」も考えておくようにという。

当時ハリスの出府を許すか否か、幕府内は賛成と反対二つの意見に分かれていたというより、賛成は少数派であった。その先頭はすでに前年九月初め下田でハリスに会っている目付岩瀬で、その主張は、下田奉行の手を経るより直接ハリスから、老中・将軍にアメリカ大統領の考えを説明させたほうが、手っ取りばやく事が進むというにあり、長崎の目付永井や岡部も同意見であった。

これに対して勘定所は、ハリスすなわち異人が江戸府内に入れば、最悪異人を襲撃する手合が現れる怖れがあり、その警固の手数も大変であると頭から反対した。外交は堀田に任していたはずの阿部も、和親条約の条項にはそんな箇条はないと反対の意向を示した。

結局はこの阿部が六月に亡くなったあと、ハリスは上府を許されるのであるが、正月に海防掛、目付、勘定奉行、評定所一座から長崎、函館の出先まで布告された前掲の書付の中で、堀田がいずれ出府を許さざるを得ないだろうという含みを持たせていることは重要である。それまでの堀田の持論から当然ともいえるが、年頭それを明示したのは、一国の宰相としてのリーダシップの発揮である。

後段はハリスの待遇についての注意である。外交上非常識な待遇をしていた「和蘭加比丹の振合」、つまりオランダの外交官を見下していたやり方では不可である。これからは「礼節は勿論、取扱、旅宿、応接場」までよく調べ、万端手落のないようにといっている。すでに出府を予想しての注意であること前段と同様で、さらに念押しの感がある。

ついで、翌二月二十四日、ハリスだけでなく他の外国人一般に対する取扱いについて、海防掛たちに同趣旨の注意を与えている。アロー号事件をいいがかりに焼打ちされた、広東の覆轍を招いてはならないと述べた上で、さらにつづける。

和親条約御取結びにも相成候上は寛永以前の御振合もこれ有り、御扱方も御改革もこれ無くては相成るまじく、然るを兎角仕来りに拘泥いたし、瑣末の儀までむずかしく差拒み、追年外夷の怒りを醸し候は無算の至りに候。万に一砲声一響き候えば最早御取戻しにも相成り難く候間、外国人御取扱緩優にて、且つ長崎、下田、函館の三港は諸事同様の取計振に相成り、文書の往復、応接の礼節等、都て外国人ども信服いたし候様、真実の処置にてこれ無くては相叶わぬ時勢にこれ有り。(『文明公御事蹟・文明公記』)

今風にいえば、堀田は安政四年を「近代日本の外交元年」と唱えたのである。

とくにそれまでのオランダに対する一方的で尊大な態度を改めることに気を使っている。二百年来の相手を見下した態度で、アメリカはじめ西洋諸国の外交官に接していては「外夷の怒りを醸し」「砲声一響」の危険がある。そして万一戦争となればまったく勝算なく、取り返しのつかない事態となる。

今まで、堀田の眼から見れば対外的悪習に染まった長崎の場合、その改善は急務であるが、それを頭から槍玉にあげては逆効果であるから、新しく開いた下田、箱館と同じようにやれといっている。二港は、ペリーとの話合いで国際的に認められる外交慣習を取り入れているから安全である。

とにかく「文書の往復、応接の礼節」には外国人を信服させる「真実の処置」を心がけねばならない。そういう時節「情勢」に今日本は当面している。

正月四日、二月二十四日と外国人と接するときの注意を二回にわたって諭したあと、堀田がその抱懐する外交方針を具体的に明らかにしたのは、三月二十日、左の事項について海防掛に諮問したときである。

一、外国御処置大本の旨趣、隣人に交わる道を以って致すべきや。夷狄に処する道を以って致すべきや。此大本、掛りの人々見込一様ならずしては取調向諸事行違申すべき間、得と討論決定いたし置度候事。
一、互市御開きの儀、英夷の動静に拘わらず御発、国内へも表立ち仰出され候方に然るべきや否やの事。
一、右御発相成候わば、諸国より必定願出ずるべき間、願に応じ夫々に仰付けられ候方にこれ有るべきや。又は此方より別段触示し申すべきやの事。
一、互市相開け候上は、御国益は勿論諸侯も同じく益を得、積年の疲弊を補い候様いたし度、且互市の利権商賈の手に落ちざる様いたし度仕法の事。（『文明公御事蹟・文明公記』）

海防掛すなわち今日でいう外交官の心得として「隣人に交わる道を以って」せよと冒頭に堀田ははっきりという。

ハリスと通商開始の交渉は「英夷」すなわちアロー号事件を機に広東焼打を行ったイギリス海軍、それを謀った香港総督ボウリングや英公使パークス等の動向にかかわらず進める。その経過は海防掛部内に止めず、広く国内にも知らせる。

右の交渉がまとまれば、アメリカ以外の西洋諸国からも必ず「願出」てくるだろう。そのときは願いに「応ず」べきだ。

こうして開始される貿易の利は、幕府だけでなく諸侯にも均霑《きんてん》して彼らの「疲弊」した財政を救うべきた。ただしその「利権」がずる賢い商人たちにさらわれないよう「仕法」を考えよ。

以上は堀田の真意を察しての私の要約である。最後の警告はのちにハリスとの日米修好通商条約交渉の間で岩瀬によって守られた。

「互市」すなわち貿易のために、何処《どこ》の港を「開く」か具体的には後述するが、貿易の利をよく知っていてそれが幕府および諸侯を救うこと、そのためにはその利が商人に流れぬよう方策が必要との指摘は堀田の炯眼である。

一、貿易の物品、天造人造に随って定額の多寡並びに製造取集等の事。

一、三港の外国商館取建可否の事。

一、船鈔貨税等の事。

（『文明公御事蹟・文明公記』）

輸出品を想定してその総額の規制と生産流通の方策を考えよとは、そのため内需が逼迫してはならないという注意で、開港後急激に生糸の輸出が増加して京都や両毛の絹織物機業が休業に追い込まれたのは、堀田の杞憂が現実となった例である。

外国商館の設置、関税の規定、いずれも必要なことで、具体的にその用意をせよという。

一、和蘭甲比丹、亜国官吏出府可否の事。

一、和蘭取結の事。

一、亜国官吏差出候三月三日付書翰中件々、並びに返翰の事。

一、魯、英、米、蘭四箇国御取扱軽重の事。

一、下田港替可否の事。

（『文明公御事蹟・文明公記』）

右の四項目に国名の出ている四か国とこれからどう付き合っていくか、「軽重」あってはならないので、これまで見下していたオランダと「通信」（信を通じる）して、アメリカと同様和親の条約を結ぶ必要がある。今長崎にいるカピタン（商館長）も外交官としてハリス同様上府させるべきだ。

ここで堀田はその外交姿勢をはっきり示している。諮問の形で自分の意見、見透しを述べているのであって、すべてこの年のうちに実現した事項である。

最後の項、下田は西風を受けること、狭いこと、交通不便のことなど、出入りを始めた外国艦船の評判が悪かったので、結局横浜に取って替えられる。

堀田はこの一連の外交具体案を示した後、自らの信念を語っている。

然れば方今第一の専務は、国力を養い士気を振起せしむるの二事に止まるべく候えども、総じて強兵は富国より生じ富国の基は貿易互市を以って第一となる故、即今乾坤一変の機会に乗じ和親同盟を結び、広く万国に航し貿易を通じ彼が長ずる所を採り、此の不足を補い国力を養い武備を壮《さかん》にし、漸々彼等御威徳に服従いたし、終に世界万邦至治の恩沢を蒙り、全地球中の大盟主と仰がせられ候様の御処置こそこれ有り度。(『文明公御事蹟・文明公記』)

本章の叙述については、檀谷健蔵著『堀田正睦と日米修好通商条約』に多く拠っているが、右も同氏が『文明公(正睦)記』より引用の長文の要所である。

ここで堀田のいっていることは、阿部の交易の利益を以って富国強兵の基とすとまったく同趣旨で、彼の外交方針をそっくり引き継いだものであることはいうまでもない。

「即今乾坤一変の機会」とは「近来世界の形勢一変いたしそれまで互いに戦争を繰り返していた西洋の各国互いに同盟和親を結び貿易を開き有無を通じ患難相救う条約を」(『文明公御事蹟・文明公記』)結ぶようになった世界の情勢を指す。

日本も西洋諸国と通商条約を結んでその仲間に入り、貿易の利を通じて国力をつける以外に生き残る術はない、とまではここではいってない。反対にその利を以って「武備を壮んにし」「全地球上の大盟主」と仰がれるようにしたいと誠に遠大な志を述べたのであった。そもそも我国は天地始まって以来、

皇統綿々君主上下の名分正しく綱常明らかにして、小国といえども土壌豊饒人口他国に倍し義勇決烈の性を備え候えば、一旦富国強兵の基礎相立候上は、行く行く宇内統一の御鴻業も難からざる儀に付、結局右の処に着眼いたし唯今外国人御処置の次第は、即ち他日御国勢更張の根本と相成候間、少しも後来御都合宜しき様、肺肝を砕き謀議を凝らし精忠を抽かれる様いたし度い。(『文明公御事蹟・文明公記』)

というのが堀田の方針であり、信念でもあった。

日本は由緒正しい君主を持ち、土地は豊饒で人口も多い。しかも義勇の士が多いから「一旦富国強兵の基礎」が固まれば「宇内統一の御鴻業」も夢ではない。

今はその緒についたばかりのときで、「外国人御処置」を誤らなければ、「他日国勢更張」のチャンスである。少しでも将来に役立つよう「肺肝を砕き謀議を凝らす」べきときである。ここで堀田が強く訴えているのは、外国人に気を遣うことについて、卑屈になったり反対に相手を夷人すなわち野蛮人と蔑視したりすることなく、近代文明国の先輩としてその長所を盗め、というにある。

この堀田の富国強兵の大方針について、諮問を受けた勘定所、目付などから三月から四月にかけて賛否の答申が出て討論がつづいたが、堀田の積極開国論はすぐには受け入れられず、勘定所、評定所など慎重論がこの時点では圧倒的であった。

その様子をたまたま三月初め、オランダから贈られた観光丸を指揮して上府した目付永井玄蕃頭尚《げんばのかみなお》志《ゆき》が、長崎の勝麟太郎（海舟）に次のように書き送っている。

彼はその前年八月阿部が初めて富国強兵を唱えたとき、真っ先にそれは世界の情勢を見ればすでに「騎虎の勢」、早急に実行すべきだと応じた人物である。

互市其の外の儀にて、先日備中殿（堀田）御居残り、諸子の評論御聞きなされ候処、司農鼠輩は実に驚嘆すべき口舌上耳《のみ》にて無益の議論耳致し居り、民部（鵜殿）岩瀬も頻りに骨折居り候えども、何分建白容易に行われ難く殆ど困惑罷りあり候。衆議廟（廟）廷に満ち候えども、主として其責に自任致し候者これ無きには嘆息に御座候。（『勝海舟全集』別巻、講談社）

司農とは勘定所のこと、そこの役人を「鼠輩」と永井は軽蔑している。口先ばかりで誰も自ら責任をとって発言する者はいない。目付局の鵜殿や岩瀬は堀田の方針に沿うよう「頻りに骨折」るが多勢に無勢である。

永井はこうした衆議空論に絶望して、せめて海軍だけは立派に仕上げようと勝に訴える。

国家（幕府）至大其堅きこと磐石のごとくと雖も、嗚呼危哉々々。請う君、国家の為猶勉励拙と共に海軍事は是非合力成立希《ねが》い度、此外拙更に他念これ無く　縦令《たとい》死すとも地下猶海軍は遺忘致さず候。

四月九日　　玄蕃頭

勝麟太郎様

（『勝海舟全集』別巻、講談社）

永井は長崎在勤二年余り、堀田以上に海外の情勢に明るい。オランダ海軍々人の指導を受けた伝習所の第一回卒業生を引き連れ、日本人だけで観光丸を操り、二十二日という当時では記録的スピードで、長崎から品川の航海に成功した直後であるから、意気軒昂あたるべからざる勢である。

彼が鼠輩と軽蔑している勘定所の奉行には、松平近直、川路聖謨《としあきら》、それに長崎で外交経験を積んだ水野忠徳もいる。三人とものちに開明派官僚と呼ばれ、それぞれ開国に尽くした人たちであるが、揃って当時慎重論を唱えたのは、アロー号事件とその元凶であるイギリスの出先外交官ボーリング来日の噂に腰が引け、早まって開国すれば「外夷」に乗ぜられると警戒したからあった。

四月に入り三人は内密に意見書を上申した。彼らはそもそも鎖国は邪宗伝染の恐れから来たもので、外国と和親を結ぶようになったのは、ペリーに強制された結果で時勢の変化やむを得ないものという考え方である。

従って貿易についても消極的で、それによって利益を得、強兵を図るという目付の積極論を次のように批判する。

　果断の人よりは因循苟且の極みと申すべく候えども、元来の御趣意余儀なきより出で候を、御益にのみ眼を着け其の方より御法を破り、意外の災を引出し申すべきよりは、まだしも宜しかるべし。（「外国関係文書」之十五）

前述した永井の手紙はこうしたやりとりを傍聴して呆れた結果のものである。彼は目付の現職にあったが、この場合、海軍伝習所の取締でこの評議に発言する立場になかった。その鬱憤を勝に晴らしたのであった。

さてこの諮問を発した堀田は、完全に二分された勘定所の消極論と目付の積極論との間にあってどのように応じたのか。

彼はやむなく貿易を開くという消極論には「唯名のみにて其実なく」と退けた。

鎖国孤立の御制度にては、民心益々固陋《ころう》柔弱に陥り国力消耗し、外夷の攻撃を待たず、自ら亡滅を相招き候間、広く強国に親しみ交易通商して国勢を振起すべし（中略）中々浅智の及ぶ所にこれ無く候間、各の力を仮り衆力一致して万一事成就せば、天下後世の御為に候条、心付き候段は相互に遠慮なく実意に忠告致され候事。（『文明公御事蹟・文明公記』）

このように老中から奉行たちに事を諮った場合、阿部は必ず意見があれば遠慮なく上申せよと付け加えるのを忘れなかった。堀田もそれにならったのであるが、その文言姿勢はさらに親切丁寧で「実意」がこもっていた。

『日本開国史』の著者石井孝氏は、この件《くだ》りは「いかにも懇々として守旧説に説諭を加えるという調子であって、堀田の風格がにじみ出ている文章で」、開国をめざす堀田外交の根本方針が明らかにされたとし、彼は「いまやもっとも開明的な大小目付の意見を支持し、鎖国の祖法に恋々たる勘定奉行の意見を退けたのである」としている。

そのとおりで、堀田はこの安政四年四月の時点で、彼の積極的開国方針を幕府有司たちに明確に示したのであるが、それを実現するには彼らの手を借りねばならない。

政治外交の最高責任者が独り決しても事は運ぶものではない。その志を知る有能な部下をいかに動かすかが首相の器量である。開国に向けて人材をどのように用いたかを次に述べたい。

四月に入って、貿易開始に対する積極論と消極論が対立していたこと、前に述べた。自ら積極論者であった堀田もここではいずれとは決せず、両論の代表者として目付の岩瀬忠震《ただなり》と勘定奉行水野忠徳を長崎に派遣することにした。

この人選は長崎経験のある水野がその地を踏めば考えの変わること、岩瀬も彼を説得するだろうと期待したのではないか。

大目付目付評議の趣、一座（評定所）と大同小異にこれ有り、いずれとも差極め難く候えども、今般水野筑後守、岩瀬伊賀守彼地へ差し遣わし候に付、甲比丹申立の趣心得の為薩摩守家来に相達し置き、甲比丹には長崎地会議の議は成り難く、別段使節差向け談判の儀も、彼国（琉球）の儀は日本に従う国といえども、素より外国の事にて条約筋の儀いずれも差図に及び難く候間、右の含みを以って挨拶致し候様、荒尾石見守申談じ取計らうべき旨、筑後守、伊賀守渡候方にもこれ有るべきやの事。（『文明公御事蹟・文明公記』）

二人を長崎に派遣する目的を、堀田はこのように諮問の形で発表しているのであるが、ちょっとわかりにくい文章である。二人のほかに固有名詞が三つ出てくる。薩摩守家来、カピタン・クルシウス、長崎奉行荒尾の三名である。

クルシウスの希望している、これまでの日本に一方的な本方交易を対等のより自由貿易に近いものに改めることは、以前から堀田の狙いでもあった。

それを現地のクルシウスと荒尾に任せず二人を遣るのは、その結果がオランダにとどまらずアメリカやロシアにかかわることで、幕府全体の問題であるからである。

ここまでは当然のことだが、何故薩摩守家来が出てくるのか、それは薩摩藩とその支配下にありながら表面上外国である琉球との交易にかかわる問題でもあるからであろう。薩摩藩は島津重豪《しげひで》の頃から、対中国交易において長崎奉行所と競争関係にあり、対琉球交易にあっても密輸の疑いが絶えなかった。幕府、薩摩藩、琉球の間はまことに微妙で、堀田は二人の長崎行を事前に薩摩藩の留守居に告げている。その経過も荒尾を通じて薩摩藩に通じておくほうがよいのではないか。こう堀田は諮問しているが、もちろんそうせよと命じているのである。日蘭交易の変更は当然薩摩と琉球、あるいはそれを通じて中国との交易に影響するからである。

堀田は二人を両論を代表する形で派遣しているが、近く外国との通商条約を結ばざるを得なくなったとき、日本はどうあるべきかを、今度の体験をもとにそれを岩瀬に考えさせ、具体案を練らせるためであったのではないか。

二人は五月二十三日江戸を発ち、途中下田に立ち寄った。井上からハリスとの交渉経過など参考に聞いたに違いない。閏五月二十九日、無事長崎に着いた岩瀬はさっそく同地海軍伝習所取締で後輩の目付木村修理（喜毅《よしたけ》）に次のような手紙を書いている。

忙手（走り書きの手紙）拜誦。愈《いよいよ》御息賀し奉り候。前夜は寛晤（ゆっくり逢う）を得欣事。遐迩貫珍、外に王墨、心得帖とも拝見感謝。両三日中留め置き、展観、清娯に供したく存じ候。こんにちは馬戌先生と歓談、余程その気焔を挫し得候事これ有り、大いに安心仕り候。縷々拝話に申上ぐべく候。（「旧雨書簡」）

右によると岩瀬は前夜木村と逢っている。そのとき木村がもたらした書物や墨蹟についての礼状で、今であれば電話で済むことを、当時はこうして書いたものを使で届けさせたのである。

「遐迩貫珍」とは香港で発行されている月刊誌で、岩瀬はこれをずっと読んでおり、かなり確実な海外情報を得ていたと思われる。王墨とは唐の詩人画家王維の作品で、岩瀬はそれを二、三日ゆっくり眺めて「清娯」したいという。清娯とは清談と同じく、今でいえば優雅な知的娯楽というところか。

まもなく始まる対オランダ交渉を前に余裕綽々であるが、同時に役職の上では同僚というより先輩の水野に対して、その蒙を啓いたことを木村に伝えている。馬戌とは馬鹿の「鹿」を「犬」に置き換えた水野の綽名で、その号痴雲の「痴」と同意である。こういう機智とユーモアは岩瀬の得意とするところで、この夜彼はおそらく水野の消極的な姿勢を批判論破して、その「気焔を挫」いたのであろう。

水野忠徳はこのときから二年前の安政二年（一八五五）十一月初め、四日間にわたってカピタン・クルシウスと対談したことがある。軍艦買入れのことやペリー再航を延期させるよう、オランダからアメリカ側へ促すことが主な要件であったが、そのとき通商の話も出た。その利益をクルシウスは説いたのであるが、水野は、日本は豊かな自給自足の国でこれまで無事にやってきたのだから、今さら外国から物を買う必要はないと反論した。そういう水野に対して岩瀬は堀田がこの年の初め説いているように、西洋の先進諸国が互いに争うことを止め、互いに親しみ有無相通じる貿易によって繁栄している今、日本もその仲間に入らないと置いていかれる「情勢の変化」を強調したに違いない。

水野は性来頑固ではあるが、頭脳明晰で情勢の変化に応じる資質を持っていて、このあと堀田によって免職され寄合に落とされるが、その退いたあと井伊によって再起用され、岩瀬や永井、井上、堀とともに初代の外国奉行となった。ついで軍艦奉行のとき咸臨丸のアメリカ行きを決め、小笠原島探検を主宰し日本領土として確定するなど、外交官としての功績を残した人物である。

こうして足並みを揃えた二人は、オランダと日蘭追加条約と呼ばれる条約を、八月二十九日クルシウスとの間に結んだ。その内容は今までのオランダ人に対する見下していた扱いや、日本に一方的に有利な貿易手法を改めたのであるが、今日でいう自由貿易の線には至っていない。その内容は略すが、クルシウスとしては不満ではあるが漸進として受け入れたのであろう。

二人はこの条約に江戸の許可を待たずに調印した。それは、つづくロシアとの交渉を有利にするためであった。代表プチャーチンは下田貿易を直ちに開くよう執拗に食い下がったが、二人はオランダとの取決めにはないと撥ねつけた。つまりオランダとの間に既成事実を、条約成立という形でつくってしまったのであった。

このときの日蘭・日露追加条約案については、岩瀬・水野の代表ばかりでなく、二人を補佐した勘定所組頭高橋平作、岩瀬の無二の配下となる徒目付《かち》平山謙次郎、長崎奉行所吟味役永持亨次郎《こうじろう》らが評議に加わり、大いに議論を戦わし、彼らの配下も同席していて、西洋諸国相手にこれからの外交官養成の場となった。

その詳細な経過は略すが、オランダとの条約内容を翻訳していては長引くので、ロシア側に漢字を解するゴスケビッチ（のち函館駐在領事）がいるのを幸い、岩瀬は昌平校吟味に合格している永持はじめ三人を動員して徹夜で漢訳させた。もちろん岩瀬も立ち合っていて、九月四日付、木村宛の手紙の中でオランダとの条約成立後「引続き魯一条にて度々無益に夜まで会集、暇無く委頓（疲れ果てる）

仕り候。今日も立山（奉行所）寄合に御座候」（「旧雨書簡」）と苦辛を打ち明けている。

結論として二人の長崎行は、とくに岩瀬にとっては、来たるべきハリスとの通商交渉予習であったが、依然として日本側に有利なこのときの条文は、ハリスの自由貿易論によって完膚なきまで否定されるのである。

次に、この日米交渉に岩瀬とともに臨んだ井上清直についてあらましを述べておきたい。堀田がどのように彼を使ったか、その用兵を知ることができるからである。

一年前の安政三年八月一日、在府の下田奉行井上が現地に到着した。すでにハリスは現地奉行岡田忠養《ただやす》と逢っていて、二人の奉行が現地に駐在するのは幕府としては変則である。長崎でも浦賀でも奉行は複数で、一年ごとに江戸と現地が交替するのが建前であった。その原則に反して井上を送ったのは、彼を登用した阿部ではなかったか。岡田一人には任せておけないと見たからであろう。それだけアメリカ領事ハリスの存在を重く見たので、そのハリスと対等に話し合える男として井上を送った阿部の判断が正しかったことはのちに証明される。

ハリスは『日本滞在記』中（坂田精一訳）の八月三日にこう書いている。

えらそうな人物（井上）が奉行の邸宅に到着したことを知る。我が士官の或るものが、紋付羽織の侍を先に立て、その後から多数の乗物、そのひとつは極めて大型乗換えの馬一頭、荷物をかついだ従僕等の長い行列を見て来たからである。

デモクラティックなアメリカから、ヒュースケンというオランダ語通訳と数人の使用人を連れて来ただけのハリスから見れば、五十人を超す井上の行列は仰々しい限りであったろう。そして初対面の印象を次のように記している。

私は新奉行の容貌を好まない。彼は陰鬱で猛犬のように不愛想な顔つきをしている。私は彼と争うことになるのではないかと懸念している。(『日本滞在記』)

それでも会を重ねるに従って、互いに警戒心を和らげ打ち解けるようになった。

十月二日、井上と岡田、組頭の若菜三男三郎、通辞の森山栄之助たちがハリスを訪問し、その私室に通された。芙蓉の間詰、従五位下の幕府高官が外国人の私宅を訪れるということは、おそらく前例のない(長崎は別として)ことだったろう。

私はこれは井上の独断で事後報告で済ませたと思う。ハリスとの意思疎通が進めばそれだけ仕事もやりやすくなり、幕府のため日本のためになるからである。

この日、日本人たちは珍しい洋式の御馳走になり、飲物もポンス(パンチ)、ブランデー、ウィスキー、シャンペンなど、鱈腹飲んで陽気に騒いだが、けっして乱れることはなかった。

「訪問中の全般に亘っての振舞いは上品な人々のそれであった」(『日本滞在記』)とハリスは評価している。このお返しの意味もあってか、翌年二月一日、今度は岡田の私邸にハリスが招かれた。彼は控えの間で、「二人の奉行に大層儀式張って迎えられ」、「十通りほどの御馳走(日本料理)」が出たあと、「信濃守がこれまで私の見た一番美しい客用の茶道具を自分のところに運ばせた」。

ハリスは井上のお点前の手許を注意深く描写し、森山が「主人が自ら茶をたて、自ら客にすすめる、このもてなしは高位の身分地位の人々にのみ与えられた友誼のしるしであるから、そういう目で見てほしい」と解説したと日記に書き、井上もこれが自分のハリスに対する「大きな敬愛のしるし」であることを知って欲しいといい、ハリスはうなずいた。

その一週間あとの二月八日、ハリスが用談後奉行だけに伝えたい重要な用件があるというと、二人の奉行と森山を除いて「他の者全部あっという間に部屋から退出してしまった」。そこでハリスは国務長官からの書簡の一部を読み上げた。

幕府が開国通商条約成立を回避するようなら、ハリスがもっと強硬な言辞を用い得るよう、大統領は議会に要請するだろうという件りである。

この手は、ハリスがこのあともたびたび使う常套手段で、半ば脅かしである。

井上はこの内容を幕府に伝えてよいか、正確に翻訳したいから、その部分の訳を書いて渡して欲しいといったが、ハリスは断わった。その代わりハリスがそれをオランダ語に訳させたものを、森山がハリスの面前で訳すならよいということになった。

この一件でハリスが驚いたのは、彼が人払いをいい出すや否や、井上の指示で書役や勤番たちが即座に部屋を出たことである。今まで必ず傍で聞耳をたてていた小人目付もであった。大統領、国務長官という言葉が出たとき、井上は国書の重要性を知って、その心組でいたのかもしれない。すぐ「正確な翻訳をしたい」というと、ハリスは自分の眼前で訳するならと応じたこの辺りのやりとりは、互いに隙のない見ごたえのある場面である。

こういう場合、小人目付は退座を拒否することもできる。目付としては最低の身分であるが、命令系統をいえば、井上たちの上司は老中であり、目付、徒目付、小人目付は若年寄の支配下にある。それが井上の命に従ったのは、一口にいえば井上を信用していたからである。彼の日頃の言動から、正しい人であることを知っていたからである。

これを井上のサイドから見れば、その決断には伏線があった。前年暮の十二月十二日のハリス日記に、井上たちと激論を交わして帰ってみると、「役人と番士が退去のため荷造りをしていたので、驚きながらも愉快に思った。そして実際に彼らは夕刻に立ち去った」（『日本滞在記』）と書いているように、かねてハリスが寝所に役人等を付けられては囚獄同様だと抗議していたのを、井上はこのとき受け入れたのであった。

それまで警固の人数を置いたのは、ハリスが土地不案内で何かと不便であるからその用事を足すため、士民たちが勝手に寺内に入るのを防ぐため、また盗賊警戒のためであった。だからハリスから申出があっても、井上は「此方に差支これある上は、引払わせ候儀は成り難く候」（「外国関係文書」之十五）とはっきり断わっていた。

しかしハリスも上陸以来半年近く、下田の土地に慣れ市民とも親しんで、身辺の危険もないと見て、井上は警衛の解除に踏み切ったのであった。このときハリスがそれは奉行「手限り」（独断）の措置かと聞いたのに対し、井上は「然り」と即答している。

今度の場合、外交上の機密を守るため目付の同席を排除したわけで、前回とは比較にならない重要なケースであるから、井上の「手限り」独断では済まない。三日後の二月十一日付で、老中宛「アメリカ官吏応接に及び候節の儀に付、内密申上げ候書付」（「外国関係文書」之十五）の中で、井上、岡田連名で「事柄により御直に申上」たいというハリスの意向に任せて、「支配向等出席のもの退座」させたと事後報告している。

堀田以下老中はこれを認め、ハリスは「私は完全に、一群の書記とスパイが私の部屋に詰めかける制度を打破している」(『日本滞在記』)と得意気に日記に書いた。そして三月五日、井上にコルト拳銃一挺を進呈した。

この日はとくに議題はなく、雑談であったが左の対談が面白い。

井上は、日本という国は両親のもとで育てられた生娘のようなもので、芸者の振舞を見てただただびっくりしてばかりいる。馴れればだんだんわかってくるが、急には「妓女の取りなし」はうまくできないといったのに対して、ハリスは次のように応じた。

どうしてどうして、日本は千歳以上の老人で二百年前は智勇衆人(欧米人を指す)にすぐれていたのに、その後眠ってしまった。そのうち衆人は勉強して蒸気船その外の機械等発明したのに日本はずっと眠っていて衆人挙げて目悟しの催促したのである。日本は元来虎のように駿足なのに自分で自分の足を鎖で縛っているのだ。(「外国関係文書」之十五ノ二四七の意訳)

日本は箱入娘のようなもの、芸者のように老獪なアメリカの御機嫌はとりかねる、談判はもう少しお手柔らかにと井上が皮肉ったのに対し、ハリスはとんでもない、日本人は虎のように駿足なのに鎖国して自らその足を縛り眠っているだけだと応じている。日本を「虎」とは、井上の第一印象が猛犬であったその面構えを諷したのであって、ハリスを遣り手婆に喩えた井上へのお返しである。

いずれにしても二人はかなり際どい冗談もいえる間柄になっていた。というのは、少し遡って前月十八日、ハリスは書面で左の事項について具体的な要求を奉行所に提出していた。領事旅行権、物資直買、米人居住権の請求、ドル交換率の決定、治外法権、長崎開港等七か条にわたる。これについて井上は三月二日、自分の意見も添えて老中の指示を仰いだ。

その返事を催促して、ハリスが自ら江戸に出て、つまり井上抜きで直接幕府に要求するといい出したのが、九日であった。コルトを贈った四日後のことである。

硬軟両様ハリスの手練手管がこれから始まる。対する井上のそれまでの経歴は後述するが、今風にいえば、彼は幕府一のハード・ネゴシェーターであって、日本とは問題にならないアメリカの国力を背に脅かしをかけてくるハリスと、日米通商条約案成立まで、年内一杯言論戦を重ねることになる。

ハリスの出府要請がその緒戦であった。

第八章　ハリス出府問題と入府への対応

四月二十九日付で、それまで井上の相役であった岡田が小普請奉行に転出、そのあとに勘定吟味役中村時万《ときかず》（出羽守）が下田奉行に任じられた。

彼は為弥を称していた五年前の暮、長崎に来日中のロシア使節プチャーチンとパルラダ号艦上で逢ったことがある。幕府代表川路聖謨《としあきら》、筒井政憲の随員で、いわばその使い走りであったから、プチャーチンは初めまともに相手にしなかった。中村は怒って返事をもらうまではここを動かない、ペテルブルグまでついて行くと粘って、使命を果たした男である。

岡田忠養の場合、小普請に転役とは、同じ奉行であっても格下ないし左遷を意味する。彼を嫌っていたハリスは、この人事を聞いて日記の中で喜んでいる。岡田は勘定所の組頭から吟味役を経て下田奉行に栄転したのであるが、典型的な俗吏で、最終的には堀田の判断でこのとき更迭されたものと思われる。というのは阿部はすでに病んでいて、この翌月初めから出仕しなくなるし、そうでなくても外交に関することは堀田に任していたからである。

堀田が外交専任となって初めての人事がこの岡田と中村の更迭で、何故もっと早く換えなかったのか不思議なくらいである。私は岡田が単独で上申した外交関係書類は見たことがない。そもそもハリスが下田に着任した翌月、井上を上席奉行として派遣したあと、二、三か月で転任させてしかるべきであった、と思う。

岡田についてもう少し述べたい。彼は勘定所の組頭を勤めていた利喜次郎当時浦賀防備についての、今でいえば予算を握っていて、当時の奉行戸田伊豆守氏栄《うじよし》の要求をしばしば削減したらしい。それでも海防掛目付戸川安鎮《やすしげ》の督促奔走の結果、平根山をはじめとして何か所かの「御備場」と称する砲台が浦賀の周辺に築かれた。

防備責任者の戸田は、陸上の防禦施設のほかに、海上で迎撃できる大砲を積んだ船、つまり軍艦製造を早くから考えていて、二本マスト、スループ型帆船に、やっと大砲と呼ばれる程度の口径の砲を載せるまでにはなっていた。

蒼隼《そうじゅんまる》丸がそれであるが、失火で焼いてしまい、代わりのスループ型を浦賀の町人の献金で二隻つくった。おそらくその費用を勘定所、すなわち岡田が認めなかったからであろう。当然、奉行の戸田とは仲が悪く、彼は岡田を「猾吏」と蔑視してはばからなかった。

日米和親条約成立後、六年間海防掛を勤めた戸川が病弱のため閑職に移り、しばらくして岡田が勘定吟味役から浦賀奉行に栄転した。この人事は勘定所が浦賀奉行所をその勢力範囲に収めたことを意味する。岡田は計数には明るかったろうが軍事外交については素人で、井上の来る前ハリスに面会を求められ、仮病を使って逃げたことがある。こういう男を何故もっと早く辞めさせなかったのか、とかく堀田の人事はよくいえば慎重だが、「遅い」というのが私の感じである。

中村への発令から二か月あと、六月二十九日、左の書付が井上に達せられた。

勘定奉行松平河内守、川路左衛門尉、同吟味役塚越藤助、設楽《しだら》八三郎の署名があり、写し送付先は評定所一座、海防掛、筒井肥前守、長崎奉行、箱館奉行となっている。

覚

下田奉行へ達

亜墨利加官吏出府の儀、何れも御差許し相成候積り御治定に候。併し乍ら官吏にも粗《あらあら》承知の通り、寛永以来の御法度を改められ候事にて、開港以来間合もこれ無く、江戸列侯始めの居合《おりあい》方も行届かず、此節召呼び候儀には至り兼ね候間、其段申聞候様致すべく……（「外国関係文書」之十六）

ハリスを江戸に呼んで対談することも有り得るとは、この年の正月四日堀田が言明していたことで、冒頭それを認めながら、開港以来まだ日が浅いとか、大名たちの意向もまとまっていないとか、とにかく「召呼」ぶことは「致し兼ねる」という。

又重大の事件承り候ため御判物下され置き候処、申立つべき期に至り不承候て、其の侭に時日を移し候儀は何分然るべからず候間、重大事件は聢《しか》と承り申聞けらるべく候。尤も右は此方推量の通り、弥《いよいよ》交易并びに港替の儀にて、其方共御役権の場合を以って即答承るべく抔申し候わば、聊《いささか》取飾これ無く、交易の義は兼ねて取開き候積り評決相成り、仕法専ら取調中にこれ有り、その為長崎表にも御役人出張仰せ付けられ候程の儀に付、大凡見留も付き候上は早速御差許相成るべく、下田港替の義も其積り兼ねて評決相成居り候えども、場所の義差支の有無糺し中にて治定致さず候間……（「外国関係文書」之十六）

「重大事件」とは、前にハリスが人払いして井上たちに洩らした大統領親書のことで、その内容は通商開始と港替、すなわち下田に代わる良港を開けというにある、とすでに井上は察していた。それは勘定所の面々も承知している。この二つのうち前者はその「仕法を取調中」であり、後者はどこがよいか場所を「糺し中」である。いずれもまだ結論が出ていないから待てという。

右両条共取調出来候上は猶予致さず、早速に談判に及ぶべき旨申渡さるべく候。若し又右の通治定相成候上は、其方御役権の場合を以って交易并びに港替の儀、直ちに条約に取替さるべき旨申出候共、日本全国に係り候大事二百余年の御法度を変えられ候義にて、政府の大義を所置致され候儀に付、下田奉行場合にて決断に及び難き旨、篤と申諭し候様致さるべく候事。(「外国関係文書」之十六)

交易と港替と二つの調査結果が出れば、下田奉行は「役権」をもって直ちに条約を「取替す」ことが出来るはずだとハリスはいうかもしれないが、このことは「二百余年の御法度」を改めるという「政府の大義」にかかわることだから、奉行の「手限り」で決められることでないことを、よくハリスに納得させろというのが結論である。というより勘定所の相変わらずの引き延ばし策である。

その期限については一言も書いていない。ずいぶん相手を馬鹿にしたもので、しかもこれを翻訳してハリスから大統領宛船便で送るよう同日付別紙で井上に達している。

ハリスが聞いたら烈火の如く怒ったろうが、その前に井上が猛然と嚙みついた。

亜米利加官吏へ応接に及ぶべき廉々御書取を以って御渡され候儀に付見込の趣申上候書付

井上信濃守

（「外国関係文書」之十六）

この内容を次に述べるが、この書付の肩に朱筆で「巳六月晦日備中守殿へ御直信濃守上る」とある。つまり勘定所の上申書を見て井上は直ちに反論の筆をとり、翌日それを直接堀田に差し出した。このような場合、即刻行動に出るのが井上の本領である。

昨廿日九日御書取を以って御渡らせられ候、亜米利加官吏出府の一条并びに交易港替の儀等、夫々御書取の趣熟覧勘弁仕り見込みの趣左に申上候、（「外国関係文書」之十六）

と始まる上申書の中で、井上はハリスが重大事件と称する交易開始、港替についての幕府の回答促進のため自分は出府したが、

彼の地出立仕り其の後最早四十日余り相立ち、先頃中より答え方延引に及び候儀を内実憤り、小事の掛合い筋まで彼是苦情申立居り候折柄に付、此度私出張仕り候は余事は差置き、右出府の決答承るべき旨、初発申聞ゆべきは必定。このまま出府の見留もこれ無く、品能く時日を引延し候儀を推量、重大の事件等を申立てず引合筋を相止め、本国船渡来を相待ち事を量り候次第に至るべきや　（「外国関係文書」之十六）

このまま「品能く」、今の言葉でいえば「適当に」引延し策を幕府がつづければどうなるか。ハリスは「重大事件」についてはもういわず、他の話合いも打ち切って、アメリカの軍艦が来た折にそれに乗って江戸に乗り込むだろう。

こう井上は老中、勘定所をおびやかす。自分が出府してもはや四十日を過ぎるその間、老中首座の貴方は何をやっていたのですか、堀田の面前で井上はこう言わんばかりであったろう。このまま手ぶ

らでは帰れないと言辞は丁寧であっても喧嘩腰である。右の二件について、

両条共御取調中と申すまでにては、是また際限もこれ無く引延し候儀を推量、御開き相成るべき年月日の限り、并せて交易条約取結び置くべき旨、申立つべきや。（「外国関係文書」之十六）

ハリスは当然二件についての「年月日の限り」を示せと迫り、さらに通商条約交渉の件まで持ち出すだろう。自分は「御判物」、すなわち幕府代表としてアメリカ総領事と談判する権限を与えられているにもかかわらず、今回は「日本全国に係り候大事」であるのでお前には任せられないとあっては、「御判物并びに都《すべ》て御委任の廉《かど》もこれ無き様相心得」ざるを得ない。

自分がこのまま下田に帰れば、ハリスは「書簡持参の廉を以って出府の上、都て江戸表に於いて即時御英断相願い候」などと申募るに違いない。その節は老中の方にハリスと応対して下さい。自分は「此の上聊かにても時日を移し候ては、彼れ憤怒を相増候のみにて自然此方より申聞こえ候趣意も貫徹」しないから「来月三日、御船拝借願い奉り、江戸表出立仕るべしと存じ奉り候。以上」（「外国関係文書」之十六）

井上はハリスの代弁をしているようなものである。これ以上江戸にいても無駄であるから下田に帰るという。その期日は三日後の七月三日、この間に堀田の返事を待つという意である。

このあたり井上のネゴシエーターとしての面目躍如といってよい。応じる堀田の決断も早く、翌々七月二日には左の覚が老中から下された。

初ケ条、官吏出府取計方の儀は見込通り相心得候。二ケ条、交易御取開き并びに港替年月日の儀は相成丈取極ざる方然るべく、併し実に拠《よんどころ》無き場合に至り候わば、十八ヵ月以上を期限と致し

候積り心得らるべく候事。(「外国関係文書」之十六)

ここでハリス出府は決定、開港は十八か月以降と期限が確定された。堀田は勘定所の引延し策をまる一日おいて覆えし、井上の主張を認めたのである。

もともと彼は芯から開国派であること、たびたび述べたとおりであり、井上のドスのきいた居直りを幸いに、決意を同列に伝えたものと見てよい。

同日、備中守（堀田）口達として、土岐丹波守（大目付）、林大学頭（儒役）、筒井肥前守（槍奉行・大目付次席）、川路左衛門尉（勘定奉行）、鵜殿民部少輔《しょうゆう》（目付）、永井玄蕃頭《げんばのかみ》（目付）塚越藤助（勘定吟味役）の七名がハリス応接掛を命じられた。

右亜墨利加官吏江戸参上の儀差許し相成候に付いては、出府併びに当地滞留中、且つ登城御目見老中応接等の手続等まで、申し合わせ万端引受け取調候様致さるべく候事。

右の趣内意相達候事。(「外国関係文書」之十六)

この素早い応接掛の任命メンバーを見ると、堀田の考えがよくわかる。

土岐頼旨《よりむね》は十二年前の弘化二年（一八四五）、在府浦賀奉行であったとき、アメリカの捕鯨船マンハッタン号が航海中救助した難民二十二名を乗せて浦賀沖に現れた。評定所、勘定所の意見では当然長崎に廻るべきであったが、北太平洋の漁場に急ぐ船が難民のためわざわざ針路を変えてきた好意にむくいるため、一日も早く彼らを浦賀で受け取るべきだと土岐は上申した。ちょうど二十六歳で老中首座となったばかりの阿部は、このとき将軍の決を仰いで臨時の処置「権道」として土岐の主張を認めた。

このように土岐は心の温かいヒューマニストであり、川路とともに水野時代から奉行職を勤めた幕府の長老であったから、ハリス応接掛の筆頭として誰もが適任と認めたであろう。

学問所頭取の林大学頭は、三年前春ペリーと和親条約を結んだときの幕府首席代表であり、筒井政憲は、前年秋今こそ通商条約を結ぶべきチャンスと上申した根っからの開国派である。鵜殿長鋭《ながとし》は海防掛目付の古参で、岩瀬とともに積極的開国派である。永井尚志《なおゆき》はその岩瀬の親友で海防掛目付として長崎に丸二年いた最も尖鋭な開国派であった。

勘定所から川路聖謨が一人選ばれた。彼は井上の実兄である。残る一人塚越藤助はこのような場合必ず一人はメンバーに入る勘定吟味役である。

こうして堀田は四日前には認めていた勘定所の遷延策を、急転直下取り消して持論の積極的開国に踏み切ったのであった。右メンバーに消極的開国派の勘定奉行松平近直の名がなかったのは当然の成行きであった。

この逆転劇は何故成功したのか。

もちろん井上の弁舌度胸によるが、それが効いたのは阿部がすでにこの世になかったからである。もし彼が仮に意識不明の病状であっても、生存していたらこの逆転はなかったろう。彼はハリス上府は尚早として反対していたからで、忠臣松平近直はその遺志を固く護ったのであった。

遡って『堀田正睦外国掛中書類』には「巳六月十四日写」と朱書して、下田奉行への御渡せられ案が添えられている。

本文は松平河内守、川路左衛門尉、塚越藤助、設楽八三郎四名の署名があるが、勘定奉行として近直は川路より十年余の先任であり、論旨は近直の主張と見て間違いない。

ハリスのいう大統領の親書を江戸に出て直接将軍に捧呈するなど、とんでもないという論調である。そもそもそんな例はないという。ハリスが下田奉行を経て幕府に提出するという順序を拒むなら、幕府からアメリカ政府に照会してその親書を取り寄せればよい。そもそも奉行には将軍から「御朱印御委任の御書」が下されているのだから、それに大統領親書が渡されて当然である。

ハリスも「御政道に相拘わり候事柄、強いては申立つべき筈はこれあるまじく」、「此度の儀については、前々御例もこれなく、御朱印状をも下され候上の儀、弥々以って国家の御為精心を尽くし、何れにも御趣意貫き候様心得るべく候」と結んでいる。

本文は六月とのみ記されて日付はないが、右案と同日と見てよいのではないか。私が日付にこだわるのは、阿部の死がこの四日あとの十八日だからだ。

この勘定所案に対する全面的反論が、阿部の死の九日後目付側から出た。

「二七日　写」と朱書された「亜国官吏取扱いの儀に付大目付御目付評議の書付」(「外国関係文書」之十六)がそれである。

その趣意は積極的開国論で、徳川幕府創始の頃に遡る。

怖れ乍ら神祖遠揉の御盛意在らせられ、慶長五年泉州に渡来仕り候阿蘭陀人英吉利人の船、江戸表へ廻され御城に召され、九ヵ年の遺留をも御許容をもこれ有り(「外国関係文書」之十六)

と家康がウィリアム・アダムスらを江戸城に召した故事を持ち出し、その後、家光の代に鎖国に入った歴史を述べた上、既に亜国和親官吏（ハリス）御許容御座候上、尚寛永以来の御処置（鎖国令）を愛恋執着仕り候わば首尾整わず、鎖国に候や、和親国に候や、半上落下夷人は勿論御国の有司も疑惑仕り（「外国関係文書」之十六）

どうしてよいのか迷っている。いずれにしても今更、

鎖国の法には戻られ難く存じ奉り候間、国初めの御旧例に依らせられ、異邦の御処置首尾全く御変革遊ばされ、其段海内へ御演達これ有り、公平に隣国和親の礼儀を以って、亜国官吏速やかに江戸表へ召され、登城御目見仰付けられ、神祖遠揉の思召の如く、御懇篤の御処置御座候わば、礼儀は勿論道理も全備仕り候間、彼も是までの意匠を改め、自然感心悦服仕り、却って御益得もこれ有るべきやに存じ奉り候。（「外国関係文書」之十六）

神祖遠揉とは家康が遠来の客、すなわち外国人を親しく江戸城へ召したことを指す。そういう歴史的事実が幕府にあるのなら、今さらハリスを召し、将軍が会うことに何も問題はないはずだ。このように目付局（この時期には海防掛大目付、目付の詰問は、このように、あるいは海防局と呼ばれていた）がはっきりいえるようになったのは、やはり阿部の存在を考慮する必要がなくなったからであろう。

阿部は貿易をもって富国強兵の基といいながらも、外国人の扱いについては曖昧で、ハリスの出府反対であったこと前述した。江戸の人心に不安を与えてはという理由だが、それは表向きのことで、反対するに決まっている徳川斉昭の思惑を気にしていたためと見てよい。

その阿部がすでにこの世に亡いのであるから、目付局は岩瀬（このときは不在）以来の積極開国論

を堂々と謳ったのであった。

当時の目付局には鵜殿長鋭を頭に永井尚志、一色邦之輔、津田半三郎、松平久之丞、駒井左京等がいたが、先任の一色が鵜殿や永井と図って草したのではないか。永井は海軍教授所の開設（この半月あと）に忙殺されていたからである。

また岩瀬がもし在京していたら、同じことをもっと早くいい出していたかもしれない。

ハリス上府の可否をめぐって、勘定所と目付局の対立は前年十月以来のことで、岩瀬がハリスから直接幕府に説明させればその方が手間が省けてよいといった調子の賛成派と、夷人を府内に入れるとはとんでもないとする反対派との距離はこの六月まで依然として縮まっていなかったが、十八日、阿部の死によってその対立は漸く決着する。

前述のように、賛成派の逆転勝利であり、二十九日、一旦反対派の勝利と見えたのが井上の反論によって、翌七月二日、上府を認め、その準備をするよう堀田は命じたのであった。

ハリスを江戸に「呼寄」せることもあり得るとは、この年の正月以来堀田の公言していることで、六月二十七日付の目付の上申に対して、それを認めてしかるべきではなかったか。今の時点ではそう考えられるが、それに反対であった阿部の死の直後、掌の平を返すような決を下すことはできず、先送りの形をとらざるを得なかったのではないか。

その曖昧さを井上の正論は衝いたのであって、堀田はハリスの出府を認めその準備を命じたばかりか、修好通商条約談判開始の期日にまで言及し、確定し、ここで日本の開国は現実のものとなったのである。

堀田に決断を迫ったもう一つの因は、井上が二十九日の上申の中で、ハリスがアメリカ軍艦に乗って上府できる可能性を指摘したことにある。

事実、井上の予言は早くも二十日後に的中し、軍艦ポーツマス号が下田に現れた。ほとんどまる一年祖国との通信の途絶えていたハリスは、号砲を聞いて裏山に上り艦影を認め、踊り上って狂喜した。

これより先八日、下田に帰任した井上と中村同席の場で、ハリスは上府して大統領の親書を自ら将軍に捧呈し、その上で機密事項を開陳するといい出していた。

上府を認めればそれを井上たちに話すといっていた前言を翻したのであって、明らかに食言である。井上と中村は十二日、再びハリスに開陳を迫ったが、ハリスは応ぜず物別れに終った。

帝国主義全盛の当時、自国の利益のための謀略は非難されることなく、外交官の食言は日常茶飯事であった。ハリスもその手を使っただけであったが、武士に二言はない井上に対して、密かにコンプレックスを持つようになったこと、のちに述べたい。

いずれにしてもポーツマス号の再航は、井上の杞憂を現実のものとした。彼はハリスがそれに乗って勝手に上府する怖れがあるとして、その前に許可の期日を決定するよう直ちに上申した。

これを受けて二十三日、幕府は評定所一座、海防掛、箱館奉行および槍奉行筒井政憲に命じて上府期日を評議させた。二十九日、それを九月下旬と決し、その準備打ち合わせをハリスと進めるよう井上に達した。

入れ違いに、八月一日、ハリスはいつ上府が許されるのか十日以内に答えよと井上らに迫っていたが、六日、この決定を井上は正式にハリスに伝え、旅行登城の手続きなどの協議に入った。

この決定が一般に布告されたのは十四日であるが、その前の十日、井上は下田を発して再び上府の途についていた。

こうして井上を中心とするハリス上府のスケジュールが、具体的に組み込まれていくのであるが、幕府としてはそれを事前に「内達」すべき先があった。

やや遡って七月二十日、まず溜の間詰にその意を伝えた。当時の在府メンバーは高松藩主松平頼胤、忍《おし》藩主松平忠国、桑名藩主松平猷、姫路藩主酒井忠顕で、就藩中の井伊直弼《なおすけ》の名は見えない。相談の結果二十四日これを不可とする連署を提出した。

堀田はこの日、同じく内意を御三家に伝えた。水戸藩主徳川慶篤父子はその不可を上申した。当主の父斉昭の意向によることもちろんである。そのあと在藩の名古屋藩主徳川慶勝《よしかつ》からも水戸と同意見であることを伝えてきた。

幕府は一方でこの日、大目付土岐頼旨、儒役林大学頭、槍奉行大目付次席筒井正憲、勘定奉行川路聖謨、目付鵜殿長鋭、同永井尚志、勘定吟味役塚越藤助の七名にハリス上府用掛を内命し、その接伴、礼遇、旅宿の準備を進めることになる。「幕府」とは「堀田」のことで、この任命ももちろんその人選によるものであろう。彼の開国に向けての布陣である。

阿部の死後、彼は当時どのように見られていたか、左は『昨夢紀事』の評である。

伊勢殿（阿部正弘）失せ給いし後はこれまでも首座といい、堀田備中守宰執の権を専らにせられたり。さりながら才量徳望伊勢殿よりはいたく劣り給いぬれど、良善無我の人なりければ、在廷の人々も力を合わせて佐《たす》けられたれば、打見たるところは伊勢殿の時の状にかわる差別もあらざりき。此侯（正睦）はかねて西洋の事情に通じ、兵法医薬等も其方さまを好み給いければ、先頃外国事務総裁の職を命ぜられ、外国の事としいえば伊勢殿在わせし程より此侯なん事執りたまいける。

中根靭負《ゆきえ》はその藩主松平慶永《よしなが》が、生前きわめて親密であった阿部に比べれば堀田は「いたく劣りたまい」と辛く評している。それでも「良善無我」の人であるから周囲も彼を支えて何とかやっていけるだろうと好意的に見ている。

然るに嘗って豆州下田に滞在せる亜米利加のハリス、種々の願事申立てける内江戸へ参りて将軍に拝謁し奉り、又執政の人々にも見えて日本国の御為になるべき筋を申上度旨を強願せり。伊勢殿は初より外国人を江戸へは入れたしと思召しは、此事を承引給わざりしに、今は備中殿の思《おぼ》すままなれば、此比《このころ》に致りてはハルリスを江戸に召して拝謁をも許し給い、又外国事務宰相も対面して事を議せらるべきのよし、何方にても申し沙汰し、又拝謁の節はいと畏けれど、将軍家定は御病身に坐《おわ》して癇癖にて、御眸子も正しからず御威厳も坐しさねば、其折には御名代にもなるべきか、又田安殿御代わりにも出させらるべきかなど囁き合えり。（『昨夢紀事』）

後段ではハリスの上府に触れ、それは彼の「強願」によるとして、残念な心中をにじませているが、この思いは当時心のある人々に共通したものであったろう。それはまことにやむを得ない事情によるとしても、問題はそのハリスを引見する将軍家定である。

彼は病気勝ち、癇癪持ちの上、将軍らしい威厳もない。それは「眸子も正し」くないからである。つまり瞳の定まらない、今でいう障害者である。ハリス謁見のときは田安家の当主徳川慶頼を代役に立てたらという噂があると、中根は書いている。

そうであれば家定は人前に出せないはずであるが、実際には種々の行事に姿を見せ、城外に市中に出て公衆の目に触れているが、不審に思われ得るような異様の行為はない。例えば、この春講武所開所のときは、堀田、阿部以下、老中、各奉行、目付、側役等、文字どおり幕府の百官を従えて家定は式に臨み、儒者の講義を聴いているのである。

為にするこのような悪質のルーマーを流したのは誰か。このときから四十一年後の明治三十一年、慶永はその遺著『逸事史補』の中で、自分は斉昭に「売られたり」、騙されたのだと告白している。その七男慶喜を将軍にという斉昭の野望にまんまと乗せられたと明治になってから気づいたのであるが、当時三十歳の慶永はここに名の出ている田安慶頼ではなく、慶喜を将軍の養嗣として立てる運動をこの秋から公然と始める。

その慶永の側近として中根は慶喜擁立運動に熱心に加わり、結果として幕府分裂を招くのであるが、詳しくはその時点で述べたい。


前に、ハリス接伴委員の任命を「開国への布陣」と書いた。この件を含めて堀田のこの時期における人事について、しばらく述べたい。

阿部がそうであったように、老中首座といっても一人では何もできない。堀田もそれぞれの部署に有能な適材を適時に配することによって、初めて開国への改革が可能となったのである。

筆頭の土岐頼旨《よりむね》のキャリアや人柄については前述した。大目付の彼は、接伴委員をまとめる上で適任であることはいうまでもない。

次に槍奉行筒井政憲は当時七十九歳、長崎奉行四年、江戸町奉行二十年というキャリアを見ても老練な能吏であることがわかる。鳥居耀蔵のため町奉行から閑職に追われていたのを、阿部が再起用した人材で、昌平坂の学問所にいたこともあり、そこで講義するほどの学識を持っていて、阿部は外国に関する件で、評定所、勘定所、目付に諮問するとき個人として筒井の名を併記し、その意見を聞くことを常とした。

いいことは何でも阿部のやり方を踏襲した堀田は、同様に筒井を遇した。彼は川路とともにロシア使節プチャーチンとの外交交渉に、長崎、下田と二回にわたって加わっていたばかりでなく、前年秋貿易取調掛が発足したとき、またこの春には外国との付合いについて、その内容は略すが、じつに行き届いた適切な助言を老中に上申していて、その論旨は明快で開国日本の針路を正しく示している、幕府にとっても貴重な大先輩だった。

勘定奉行川路聖謨の名は、この五人の中では最も知られている。筑前の日田という町の出で、勘定所の端役から奉行まで昇り詰めた。仕事ができたこともちろんだが、日頃槍を振るって身体を鍛えるという文武両道、武士の鑑《かがみ》といってよい人物である。

林は名は煒《あきら》、復斎《ふくさい》と号した。林家中興の祖述斎《じゅっさい》の第六子で、兄の死で家を継ぎ大学頭を称した。目付の岩瀬忠震《ただなり》、堀利熙《としひろ》、木村喜毅《よしたけ》等はその直弟子で、聖賢の訓えを講ずると同時に、それを率先実行した人で常に正道正論を主張した。

その例として、十一代将軍が亡くなって阿部が徳川斉昭を海防参与として幕府に招いたとき、たとえどんな人材であってもいったん将軍のお咎めを受けた者を、公職につかせるのは道にはずれると反対したことがある。

林家は将軍の代替りごとに来日する朝鮮使節の接伴役を歴代勤めていたので、ペリー再航のときは交渉委員の長となり日米和親条約を結んだ。

鵜殿はペリー初回来航の頃は攘夷派であったが、再航のときは目付として委員に加わり、そのあと配下の岩瀬等の影響を受けてか開国派に転じた。この春、堀田が自らの開国策を有司に諮ったとき、岩瀬とともにそれに賛成したが、尚早と見る勘定所に押切られたこと前述した。学問は配下の俊秀には及ばなかったが、率先して事にあたる正義漢であったから、目付筆頭として信望があった。

永井についてはすでに触れた。ハリス接伴の発令の数日前、築地の海軍教授所の開所式が終ったばかりで、あとは矢田堀景蔵ら長崎伝習所でオランダ軍人から教えを受けた士官たちに任せればよい状況にあった。

塚越はこうした場合、メンバーに必ず一人は加わる勘定吟味役である。

こうして見ると、塚越を除く他の六人はすべて外国人と接した経験のある「外交官」であった。

堀田は着々と適材を適所に配しつつあったが、その仕上げともいってよい人事が、安政四年（一八五七）九月十三日、松平伊賀守忠固《ただかた》の老中再起用である。同日付で、松平乗全《のりやす》を溜の間詰格とし、二人が斉昭の圧力で二年前詰腹を切らされたその名誉挽回を図った。

阿部が重用しようとして果たせなかった忠固を、老中次席の格で迎えて内政を任せ、堀田は外交に専念できる体制をこのとき整えたのであった。

その三日前の九月十日、阿部の同志牧野忠雅は溜の間詰となった。天保十四年（一八四三）老中となってまる十四年、五十八歳であった。

二十二日、牧野が老中次席の格でそれまで住んでいた西ノ丸下の屋敷を上知され、代わりに忠固に賜った。彼が堀田内閣における副首相であることを名実ともに示す措置である。野心家の彼はそれを堀田の好意、信頼によるものとは必ずしも考えず、自分の実力相応の待遇と自惚《うぬぼ》れ、のちに堀田が日米修好通商条約勅許に失敗すると、井伊直弼引出しを計って馬を乗り換えた。そしてその調印に際して彼の一言が決定的な役割を果たしたこと、その時点で述べたい。

こうして堀田は人材をその内閣に集め、強力なものとし、内治外交にあたる一方、ハリス登城について深い関心というより懸念を持つ、大名たちの建議にも応じなければならなかった。

この時期、八月二十四日、御三家につぐ徳川家門の詰める大広間の大名たちが、家斉の第二十二子徳島藩主蜂須賀斉裕《なりひろ》の邸に集まってハリス登城について議論した。慶永、斉裕のほか鳥取藩主池田慶徳、津山藩主松平慶倫《よしみち》、明石藩主松平慶憲《よしのり》のメンバーである。

九月六日、慶永、斉裕は右の結論を長文の建白書にまとめ堀田を訪ねた。

「此時備中殿（堀田）には孰《いず》れに唯ならぬ事共仰せ立てらるるならんと心構えせられたるにや、公（慶永）未だ何とも御発言なきに、先ず備中より今日は墨吏（ハリス）発営の事を御支えあらん為に、打揃いの御出なるやと申出られたり」（『昨夢紀事』）と中根が書いている。堀田にしては珍しく機先を制した応対である。そこで二人が提出した建白の要点は、兵制を改革して武備を修め、国威を海外に輝かすこと、信義礼節を重んずべきことなどで、ハリス登営について賛成した上のことであった。

同月十七日、今度は外様大藩主の詰める大廊下の大名たちが、大広間と同趣旨のハリス登城にあたり、武備厳修人心一和を計るべしという建議書を幕府に提出した。連署したメンバーは仙台藩主伊達慶邦《よしくに》、広島藩主浅野斉粛《なりたか》、弘前藩主津軽順承《ゆきつぐ》、高知藩主山内豊信《とよしげ》、柳川藩主立花鑑寛《あきとも》、川越藩主松平直侯《なおよし》、浜田藩主松平武聡《たけさと》、久保田藩主佐竹義就《よしなり》、富山藩主前田利声《としかた》たちである。

家門、譜代、外様の有力大名には、それぞれ賛意を取り付けるための応対が必要である。老中にとって最も手強い政治勢力である御三家と恩顧譜代の大名の詰める溜の間には、堀田のほうから逸早く知らせたことを前述した。

老中首座も幕藩体制という中途半端な政治組織の長というにすぎず、外様藩内のことには容喙できず、今度のように一国の外交問題となると、大名たちに広く諮らざるを得なかった。

それでも堀田は、阿部のように前後左右に気を遣い周到に事を進めるという努力はしていない。阿部も事によっては独断で決した例はあるが、堀田は初めから開国一途、淡々と事を進めたという感が深い。その好例が斉昭に対する態度で、阿部を引き継いだあと、とくに気を遣った形跡はない。無視されたその憤懣が溜りに溜って、この年の末爆発するのであるが、詳しくはこれもその時点で述べたい。

この九月下旬、右の老中屋敷の交替など事自体は小事でも、見方によっては重要な行動、発令を行っている。

二十二日、駿府町奉行大久保忠寛《ただひろ》、二ノ丸留守居古賀謹一郎に対し、蕃書調所《ばんしょしらべしょ》創設の労を賞している。二人とも今は調所を離れているが、その開所まで二年近く、場所建物の選定に始まり、教師の招致、生徒の募集などに専念、努力したその功にむくいたのである。二人は幕臣として最後まで幕府に尽くした。その代表として大久保（当時一翁を称す）は勝とともに江戸城と無血開城して西郷に渡し、古賀は筑後守に上り、傾く幕府を最後まで支えた一人である。

二十七日、幕府は江戸城門、諸見付、番所等に飾付けの鉄砲を西洋式に改めるよう令した。これは二十九日、堀田が同列の内藤信親、若年寄遠藤胤続、同酒井忠毗《ただます》等と府下の鼠山で、鉄砲方下曽根金三郎の銃隊訓練を閲する前触れでもあった。お供の内藤はじめ遠藤、酒井等みな阿部から引き継いだ面々であり、下曽根は筒井の息子で、江川太郎左衛門とともに高島秋帆から鉄砲、銃隊について免許を与えられた専門家である。

こうして堀田は在藩中から率先して始めていた西洋式陸軍の編成訓練に垂範したが、翌年井伊時代となると西洋銃は撤去され、また火縄銃に逆戻りするのである。

十月に入るとハリス上府の日程が固まり、在府の井上はその下田出立を七日、江戸著到十四日、登城謁見二十一日とする案をつくり、幕府の指揮を仰いだ。

右のとおりハリスは陸路江戸に向かい、一週間後九段の宿所蕃書調所に入った。ちょうど一年前岩瀬の樹てた案と同じ道筋で、宿舎が品川東海寺から江戸城の膝下九段に代わっただけである。スケジュールどおりの着京には井上兄弟の綿密な道中の計画、連携があって、公式の記録にはない川路と井上両奉行の打合せが城内、城外で何回かあったはずである。

十六日、将軍の接見は二十一日と発表されその翌日、ようやくハリスは問題の大統領親書の写しを提出した。その内容は疾くに井上が察知していたこと前述した。

第九章　ハリス、将軍に謁し、大統領親書を呈す

安政四年（一八五七）十月二日、堀田は老中松平忠固《ただかた》、久世広周《ひろちか》、若年寄遠藤胤統《たねつぐ》、本多忠徳等と品川沖で軍艦旭日丸に試乗した。

この船は徳川斉昭が、鱸《すずき》半兵衛に命じてペリー来航のあと建造にあたらせたのであるが、同時期に計画された浦賀奉行所の鳳凰丸、薩摩藩の昇平丸がそれぞれその翌年、翌々年に完成して安政二年の春には、品川沖で将軍家定以下阿部たちが試乗、褒賞を受けたのに比べると、さらに二年もおくれてようやく竣工に漕ぎつけたのであった。

その直接原因は進水式のとき船体がバランスを失って台からはずれ、その回復や艤装の作業に手間取ったからであるが、最大の原因は水戸藩には洋式船をつくる技術的蓄積がなかったからといってよい。鱸《すずき》はネジ釘一つ一つを鑢《やすり》でつくったという苦心の伝説があるほどで、鳳凰丸以前に二本マストのスループ型帆船をすでにつくった経験のある浦賀奉行所や、金に糸目をつけず買い集めた洋書を当時日本一の蘭学者箕作阮甫《みつくりげんぽ》に訳させ、その準備も早くから進めていた島津斉彬の薩摩藩に差をつけられたのは当然であった。

斉昭に対する反感もあってか、この船は厄介丸と仇名され、人々の冷笑の的となったが、近年安達

裕之氏の論文『厄介丸と旭日丸』（『海事史研究』第四一号）によって、九州まで遠距離航海できる立派な航洋船であったことが明らかになった。

前章で、堀田が火縄銃を廃し洋式銃を制式とし、それを担いだ練兵を鼠山で閲したこと述べたが、彼はこうして近代的陸海軍の建設を熱心に進めた。このやり方は阿部の創めたものを忠実に受け継ぐもので、当日彼が伴なった忠固他三人も阿部時代から幕閣の中核にあった人々である。

話はハリス出府前後に戻る。

十月七日、ハリスは下田を発し陸路江戸に向かう。

十四日、無事入府、宿所九段の蕃書調所《ばんしょしらべしょ》に入る。井上の出迎えと大目付土岐頼旨《よりむね》の安着の祝辞を受ける。

十五日、将軍家定は土岐を宿所に遣って、檜重《ひのきじゆう》一組を贈る。

十六日、堀田から、二十一日将軍に公式に会見することをハリスに伝える。

十七日、ハリスから、将軍に呈出する米大統領の書簡の写しと訳文を、堀田に贈る。

十八日、ハリスは交渉打ち合わせのため堀田の邸を訪ね、親書の副一通を呈した。

十九日、右の親書の和解《わげ》のため、蕃書調所《ばんしょしらべしょ》の川本幸民、高宮五郎、津田真一郎、に蘭英文を、手塚律蔵、西周助、森山多吉郎、伊東貫斎に英文を渡し、十九日、二十日中に完訳を命じた。

二十一日、ハリスは登城、家定に謁し、大統領ピアースの親書を呈した。このときは、土岐が先導、井上がつづき、ハリスは親書を収めた箱を捧げるヒュースケンを従え、通詞を森山が務めた。

謁見のときの家定の印象をハリスは日記の中で次のように記している。

ハリスの挨拶が終ってちょっと沈黙ののち、家定はその頭を左肩のうしろにぐいとそらし、右足を踏み鳴らした。この動作を三、四回繰り返したあと、「よく聞こえる、気持ちのよいしっかりした声で」答辞を述べた、と。

ちょっと変わった癖があるが、正常な普通の人というのがハリスの印象であった。

謁見の場所は城内の大広間、将軍の座は上段に畳七枚を重ねて錦で包み、四隅に紅の大総《ふさ》を付けたもので、下段西には松平頼胤父子以下溜の間詰諸侯が坐し、東には堀田以下の閣老、京都所司代が坐した。中段西の縁に若年寄、御側衆が着座、下段西の縁には高家《こうけ》や雁の間詰、四品《しほん》以上の大名が列座した。

畳七枚を重ねたのは、坐した将軍が立ったハリスと大体目線が一致するよう工夫したのではないか。

こうして三代将軍家光以来二百年以上絶えていた、外国人と将軍との会見が無事実現した。人々が心配していた家定も、ちょっと奇妙な動作はあったが、ハリスに不審を抱かせるものではなかったこと、すでに述べたとおりである。

一方ハリスも悪びれることなく将軍に対し、帰路井上から将軍の威に震えるかと思っていたのに堂々とよくやったと讃められた。二人の友情がここまで通い合っていたという挿話でもある。

なお、この日ハリスが呈した大統領親書の和訳を全文次に記す。一年前から散々にもったいぶって井上を焦らし、この四日前やっと原文を幕府に渡したものである。

亜墨利加合衆国のプレシデント・フランクリン・ピールス、日本大君殿下に呈す。

大良友合衆国と日本との間に取結びし候条約を修正して、殿下の大国と合衆国と夥しき諸産物

郵便はがき

料金受取人払

板橋北局承認

168

差出有効期間
平成16年7月
31日まで
(切手不要)

1748790

板橋北郵便局
私書箱第32号

国書刊行会 行

コンピューターに入力しますので、ご氏名・ご住所には必ずフリガナをおつけください。

☆ご氏名(フリガナ)	☆年齢 歳
☆ご住所 〒□□□-□□□□	
☆TEL	☆FAX
☆eメールアドレス	
☆ご職業	☆ご購読の新聞・雑誌等

☆小社からの刊行案内送付を □希望する □希望しない

愛読者カード

☆お買い上げの書籍タイトル

☆お求めの動機　1.新聞・雑誌等の広告を見て（掲載紙誌名　　　　）

2.書評を読んで（掲載紙誌名　　　　）　3.書店で実物を見て

4.人にすすめられて　5.ダイレクトメールを読んで　6.ホームページを見て

7.その他（　　　　）

☆興味のある分野　○を付けて下さい（いくつでも可）

1.文芸　2.ミステリー・ホラー　3.オカルト・占い　4.芸術・映画　5.歴史

6.国文学　7.語学　8.その他（　　　　）

本書についての御感想（内容・造本等）、小社刊行物についての御希望、
編集部への御意見その他

購入申込欄

書名、冊数を明記の上、このはがきでお申し込み下さい。
「代金引換便」にてお送りいたします。（送料無料）

☆お申し込みはｅメールでも受け付けております。（代金引換便・送料無料）
お申込先eメールアドレス: info@kokusho.co.jp

の貿易を是非これまでよりも大になし易き様取極むべしと思えり。是を以って予、此事件に就いて貴国の事務宰相（堀田）或いは其の他殿下の担任する役人と全議せしむる為に、此書状の使いとして此国の高貴威厳なるタウンセント・ハルリスを選びたり。（『堀田正睦外国掛中』）

前段は幕府が今回亜米利加の代表として選んだハリスとの間で前年結んだ和親条約を「修正」し、両国の間の貿易を盛んにする目的を謳っている。

但し、此者は既に合衆国コンシュル・ゼネラーレ（総領事）として殿下の外国事務宰相の信用を受けたるのち、合衆国と日本との進行を篤くし、且永続せしめ、兼ねて両国の利益の為に通商の交わりを増加する条約について、宰相或いは其の他役人同意すべきこと疑いなしと思う故に、殿下深切に高貴威厳あるハルリスを訪遇して、予が為に殿下に申立てる言を十分信用し給わん事、予に於いて疑いなしと思う。予殿下を安全に保護せん事を神に祈念す。此書に合衆国の国璽を添え、華盛頓府《ワシントン》において自ら姓名を記す。

千八百五十五年九月十二日、フランクリン・ピールス親筆

（『堀田正睦外国掛中』）

この大統領親書の内容は新興の国アメリカらしい簡明率直な提案で、三年前に結んだ和親条約を改め「通商」条約を結び、ますます友好を深めるとともに、互いに貿易することによって、両国の利益を増進しようというのである。

同時にアメリカを代表するハリスを「高貴威厳」の人物として紹介している。この評言はもちろん外交官ハリスに対する信用状であり、型どおりの美辞麗句である。その実像はこの一月あとの日米通商条約交渉の中で伝えたい。

十月二十六日、ハリスは堀田邸を訪れ、世界の大勢を論じ、通商開始の急務であることを長時間熱心に説いた。

ハリスにしてみれば、来日以来一年半、待ちに待った機会がようやく来て、長広舌を振るったのであるが、その当たるべからざる勢いに、堀田以下少なからず辟易した様子がうかがわれる。

『昨夢紀事』の著者、越前藩士中根靫負《ゆきえ》は陪臣であるから、もちろんこの席にはいない。「此時参り合いたる人の語るを後にて聞けば」として堀田の様子を次のように伝えている。彼はハリスに一方的にまくしたてられ、

……目瞬き大息せらるる迄に差定めて申さるは一もなく、又彼は事熟《う》れたる様にて憚かる処なく種々論《かた》らいたり。備中守は折々には其筋の懸りの者へと譲り聞えられ、或いは宜しからんように頼み聞ゆるなど言わるる有様。傍なる海防懸りの人々は冷汗を流して聞き居りたる事にて、ハルリスが思わん所も恥ずかしき限りなりけりとぞ。(『堀田正睦外国掛中』)

堀田はハリスの滔々たる弁論に対して、反論したり質問したり、「差定めて申す」ことはなかったようで、この件は担当の者にとか、そのことは「宜しく」とか、側で聞いていて恥ずかしく「冷汗を流し」たと、海防掛の一人がいったと、中根も口惜しそうに書いている。

堀田はハリスに始終なめられっ放しで、一国の首相としてまことに情けないと心中思ったに違いない。三段論法で正面から攻める、あるいは相手の弱点を衝いて一気に立場を逆転する。こういう理論闘争は堀田は生来苦手だったようである。物事の筋道としての理論はもちろん持っていて、それに基づいて決断した例は、これまでいくつか述べたとおりである。

右に理論闘争と書いたが、理論以前に単なる言葉のやりとり自体、堀田は決して得意ではなかった。その達人である岩瀬や井上と比べれば幼児と大人くらいの差があったといってはいいすぎであろうか。

二十六日、幕府は二日前の堀田邸におけるハリスの「演述書」を必要の各掛に示してその意見を求めた。

儒役林煒《あきら》、海防掛大目付、目付はハリスの要求を容れて諸侯に論旨せよと答え、在府の浦賀、下田、箱館奉行もこれに賛成であったが、評定所一座および海防掛勘定奉行は、諸侯に諮ってのち許否を決せよと答えた。

同じ海防掛であっても、目付は積極的、勘定所は消極的をいう図式は、ここでも変わっていない。ただ開国通商はすでに避けられぬものとは誰もが心中感じていたといってよい。

十一月に入って、六日、土岐頼旨、川路聖謨、鵜殿長鋭、永井尚志《なおゆき》、井上清直の五名がハリスの宿所を訪い、貿易の実際や公使駐在について質疑応答した。

同日、帰府中の岩瀬が東海道筋日坂《にっさか》駅の宿でハリス登城の報を聞き、一夜で書き上げた横浜開港についての上申書を目付局に送った。その詳細については第十章で述べる。彼は十五日帰府する。

十二日、堀田は大廊下詰の徳島藩主蜂須賀斉裕《なりひろ》、同鳥取藩主池田慶徳を、また別に大広間席の仙台藩主伊達慶邦《よしくに》、同高知藩主山内豊信《とよしげ》、同柳河藩主立花鑑寛《あきとも》を招いて、ハリスの話について懇談した。

十五日、幕府はハリスの「演述書」を諸侯に示し、その意見を聴くというより、その許容のやむを得ざる事情を述べ立て、答申を促した。

二十日、東北諸藩のうち、仙台の伊達、久保田の佐竹、盛岡の南部等の藩主の答申が出、前二藩は反対、盛岡はとにかく穏便にという答申であった。

二十一日、柳河の立花は積極賛成、浜田藩主松平武聡、川越藩主松平直侯《なおよし》、弘前藩主津軽順承《ゆきつぐ》はそれぞれニュアンスは違うが、条件付賛成と答申した。

二十五日、徳島の蜂須賀が朝裁を条件として賛成、つづいて二十六日、福井の慶永から「自主外交、富国強兵」の国策を樹て、我より機すべしという積極的賛成を答申、一方で堀田にとって頭の痛い溜の間詰の答申が出た。

公使の江戸駐在に反対、通商の時期も猶予せよという意見で、このとき出府した彦根藩主井伊直弼が初めて答申書に署名している。以下高松藩主松平頼胤《よりたね》、桑名藩主松平猷《みち》、忍藩世子松平忠矩《おし》《ただのり》、高松藩世子松平頼聡《よりとし》、姫路藩主酒井忠顕、長岡藩主牧野忠雅、西尾藩主松平乗全《のりやす》が連署している。

二十七日、萩藩主毛利慶親《よしちか》は諸外国の渡来に備えて国力を充実させよと答え、小浜藩主酒井忠義は賛成、忍藩主松平忠国は年限を切っての賛成を答申する。

二十八日、鳥取池田は反対、明石藩主松平慶憲は賛成、その他日付はないが十一月中として、和歌山藩主徳川慶福《よしとみ》（のちの十四代将軍）の「国威を輝かし、叡慮を安んぜんが為に、衆議に諮って外交を措置すべし」との答申が出ている。もちろん少年藩主個人の意見ではない。

こうして十一月中には御三家以下諸侯の答申がほぼ出そろった。積極的賛成から条件付、無条件反対までさまざまであるが、三年前のペリー初回来航のあと、阿部が諮問したときには皆無であった、「朝裁」とか「叡慮を案じて」とか朝廷の存在、天皇の意思が条件として浮かび上がってくる。幕府の最末期、討幕のスローガンとなった「尊皇」のはしりである。

とにかく通商が許され外国商人が入ってくると、二百余年の鎖国ののちであるから、色々トラブルが起きるに違いない、最小限江戸府内には絶対入らせてはならないという溜の間詰の意見は無視できない。

ハリスの将軍謁見の際、大広間における諸侯の序列を見てもわかるように、彼らは堀田ら閣僚と同等の地位にいて、その特別の権威保持に敏感であった。もし府内で外国人との間に争いが起き、広がるようなことがあれば、敵は軍艦を江戸湾深く進め、軍隊を上陸させるだろう。そのときそれを駆遂するだけの軍事力は今幕府にはない。

万一その幕府が敗れれば、溜の間詰も真っ先に共倒れである。幕藩体制のもとで権力を保持してきた他の諸侯たちも運命は同じである。

いずれにしても通商はやむを得ない。利益もあろうが、不安も大きい。幕府だけでは頼りない。「朝裁」すなわち朝廷の了解も取り付けておいたほうがよい。おおざっぱにいえば、諸侯の感じはこんなものであったろう。

事実、当時幕府の軍事力の近代化はその緒についたばかりであった。

この秋、堀田が鼠山で閲兵した陸軍は、十六年前高島秋帆が徳丸ヶ原で初めて披露した洋式兵陣からほとんど進歩していないし、江戸を守るべき旗本は戦争よりも身分格式にとらわれ、御家人と称される下級武士の士気は最低であった。旗本八万騎とは誇称にすぎない。

海軍は二年前長崎に伝習所が開かれ、オランダ海軍軍人の教育を本格的に受けて、この年の春には第一期生が軍艦観光丸を操って、品川まで二十日余りで航海できるまでなっていた。伝習所を開き、その取締りとしていた永井がこの観光丸で上府し、築地に海軍教授所を開いていた。

軍事力の近代化では海軍は順調で、ちょうどこの秋、オランダから新造の軍艦咸臨丸が到着し、長崎で第二、第三期生の教育がつづけられていた。人間にたとえれば、幕府海軍は少年の段階にあった。

こんな時期に内外政治の最高責任者となった堀田の前途はまことに多難というほかない。この難局を打開するには、ハリスのいうように「領土的野心のない」アメリカとの間にまず平和的通商条約を結び、イギリスはじめ先進西洋諸国とも通商を始めるのが一番である。このことはペリーの来る一年前からオランダが勧めてきたことでもあり、先にその答申を引いた諸侯の頭にも十分入っていたはずである。

この方向で具体的に堀田が行動を起こすのは、十二月に入り、通商条約交渉委員に井上と岩瀬を任命したときであるが、ここで今まで触れなかった政治的には重大な事件を述べておきたい。

それは十月十六日、慶永と斉裕が連名で上書した将軍継嗣の件で、斉昭の第七子、田安家の養嗣となり刑部卿《ぎょうぶきょう》を称していた「慶喜」を、家定の後継ぎにしようというのである。

慶喜は徳川最後の十五代将軍としてよく知られている。この時二十一歳、「英明」を画に描いたような貴公子であった。

少年の頃から学問武芸抜群であり、父斉昭の秘蔵っ子であった。その兄弟は養子に出したが、彼だけは水戸家に、今でいう温存していたのを、阿部が逸早く目をつけ、三家の一つ一橋家の養嗣にと動いた。もちろん斉昭には異存なく、十年前の十二月、それは実現した。

慶永はかねてから英明の噂を聞いていて、その翌春当時十二歳の慶喜に逢って強い印象を受けた。

彼は家慶、家定を誤って低く評価していたので、将軍の器にふさわしい慶喜を子のない家定の継嗣にと、このとき徳島藩主蜂須賀斉裕と連名上書という行動にでたのであった。

慶永自身田安家の生まれで福井藩主松平斉善《なりよし》の養嗣となり、このとき二十九歳の若さであった。阿部とはその夫人が越前の出であった故もあって、ごく親しかったので、慶喜を将軍継嗣という自分の考えを明らかにしたところ、阿部からそれについては自分に考えがあるから、軽々しく他人に洩らすなと、きつくたしなめられた経緯があった。

その阿部が四か月前に亡くなって、もう誰も止めるものはいなかった。その将軍としての資質を衆人が認めていたからである。同時に呈出した積極的開国賛成論には将軍慶喜の下心があったのではないか。その後の慶永の動きについては第十二章以後に詳述したい。

堀田は十一月一杯御三家、家門譜代、外様諸侯からの答申の対応に追われ、その間ハリスは宿所蕃書調所で放っておかれた状態にあった。しびれを切らした彼は、いったい幕府は自分を何と心得ているのかといった調子で井上をおどした。心得た井上はすぐ堀田に通じて、二日、ハリスは西ノ丸下老中役宅を訪問、二人の会談が実現した。

第十章　日米修好通商条約交渉

安政四年（一八五七）十二月三日、堀田は日米修好通商条約交渉委員に、下田奉行井上信濃守清直と目付岩瀬肥後守忠震《ただなり》を正式に任命し、翌四日からハリスの宿所九段の蕃書調所《ばんしょしらべしょ》において、その交渉が始まる。前後十三回にわたるその経過を述べる前に、ハリスと委員二人について、やや詳しくその経歴を述べておきたい。

この画期的な日米交渉の代表に何故三人が選ばれたかである。

日本の開国についてよくいわれる喩えに、ペリーが門の閂《かんぬき》をはずし、ハリスが家の扉の鍵を開けて中に入ったという話がある。彼が来日して「日本」という家の鍵を手に入れるまでには二年近い月日を要した。

その間ずっと彼の相手をしたのが井上で、二人は無二の親友となり、とくにハリスは井上を「東海の知友」と呼び、のちのちまでなつかしがった。

まず彼が何故日本にアメリカ総領事として来たか簡単に記したい。

ハリスは一八〇四年、ニューヨーク州に生まれ、四十五歳までは教育事業に熱心なニューヨーク市民、実業家としての生活で、そのあとの約六年を冒険的東洋貿易業者としてすごした。一八四九年から五五年まで毎年クリスマスを送った地名は、マニラ、ペナン、シンガポール、香港、カルカッタ、セイロンであった。

一八五三年、ペリーが浦賀に来航する前、ハリスはその計画を知って自分も連れていってくれとペリーに直接手紙を出したが、軍人以外は軍艦には乗せないと断わられた。教育者、貿易業者から、このとき外交官へハリスは三度転身しようとしたのである。

翌年神奈川で結ばれた日米和親条約第十一条に、この条約調印から十八か月後にアメリカは下田に領事を置くことができるとあるのを知って、ハリスは帰国、その地位獲得に動いた。

彼はニューヨーク時代の友人である当時の国務長官や大統領に近い友人を頼って働きかけ、目的どおり一八五五年八月、政府から正式に日本駐《ちゅう》劄《さつ》総領事に任命された。そして翌五六年、すなわち安政三年七月二十一日に下田に到着したのであった。当時五十一歳十か月。

ハリスは東部の大学を出、エリート外交官ではないが、教養も商才も冒険心もある。自ら進んで日本駐在をねらった人物であることを、その経歴は語っている。彼の究極の目的は歴史に残る日米通商条約締結にあった。

井上の経歴もハリスと似たところがある。

井上や実兄川路聖謨《としあきら》の父、内藤吉兵衛は豊後日田の出身で、江戸に出て御家人（百石以下の下級幕臣）となった。譜代最低の身分である。彼はその三男として産まれ、幼なくして持弓組与力、井上新右衛門の養子となったが、まもなく養父が亡くなり家を継ぎ、新右衛門を称した。

実際は幼少の頃から実父吉兵衛の許で厳しく育てられ、学問は儒者友野霞舟に学んだ。十七歳のとき評定所の書物方という筆生の職につき、勘定所留役助を経て寺社奉行所調役を永く勤めた。

その頃の様子を木村芥舟は「幕末名士小伝」の中で「人と為り簡傲亢爽自信すること極めて厚く、小吏たりし時より昂然敢えて人に下らず」と評している。

青臭い小役人のときから傲然と顔をあげ、非常な自信家で他人に頼るようなことはまったくなかったという。それだけ自分の職分は完璧に勤めたのであろう。奉行以下上司の信任を得て、嘉永五年（一八五二）四十八歳のとき勘定組頭格の布衣《ほい》（六位）に異例の出世をとげた。

さらに安政二年正月二十四日勘定吟味役、下田港取締りを命じられ、同二年四月下田奉行となる。諸大夫に列し、従五位下に叙せられ、信濃守を称した。

兄川路もそうであるが、幕吏最低の身分から兄弟そろって上級官僚の詰める芙蓉間に席を置く出世は、おそらく前例のないことで、他人の嫉視を招かぬよう身を修め、職務を忠実に勤めることを二人は誓い合ったという。その二か月あと、

偶々米国公使（ハリス）の来るに会し、これと開港互市の事を議し、毎《つね》に彼が強大を憑《たの》みて、動《やや》もすれば我を凌圧せんとするの気焔を折《くじ》き、終に彼をして深く其の言を信じ、海外一好友を得たりと言うに至らしめたり。

と芥舟は絶賛している。

この井上と絶妙のコンビを組んでハリスと対した岩瀬について、「小伝」は次のように述べる。

始め修理と称す。又伊賀守。天資明敏才学超絶書画文芸一として妙所に臻《いた》らざるはなし。嘉永七年目付に任じ深く阿部執政に信用せられ、海防外交の事をはじめ凡そ当時の急務に鞅掌《おうしょう》尽力せざ

るものなし。講武所、蕃書調所を府下に設け、海軍伝習を長崎に開くが如き、皆此人の建議経画する所なりといえり。安政四年合衆国公使（ハリス）と貿易章程を議定し、弁難論詰数句に渉り頗る我邦に利する所ありと。

前段の「天資明敏才学超絶」以下の部分は、幕末、明治の史書が岩瀬について語る場合、必ず引用するといっても過言ではない。岩瀬の天才を二、三行のうちに簡単的確に表現しているからである。学問、教育においては二十五歳のとき昌平校学問吟味に合格し、甲府徽典館の学頭を勤めたあと、母校の教授も二年勤めている。三十六歳。そこから阿部によって徒頭《かちがしら》に抜擢され、平時であれば数年かかる所を、わずか二か月で目付に登用され、人々を驚かせた。

彼は湯島聖堂を再建し昌平坂学問所を興した林述斎《じゅっさい》の娘の子、つまり外孫にあたり、岩瀬市兵衛忠正の養嗣となった。その禄は八百石、目付は約千石。子はその父の禄を超えてはならないという幕府伝統の不文律を、阿部は敢えて破ってまで海防掛に補し、中段にある新規事業の立上げにその縦横の才を揮わせた。

後段はこれから述べようとしているハリスとの日米交渉における活躍である。

明治以降の史書はほとんど、日本側はハリスの恫喝に屈し不平等条約を押し付けられたとしているが、木村はここで「頗る我邦に利するところあり」と書いている。つまり岩瀬が日本に断然有利に交渉を進めたというのである。

岩瀬がどういう作戦でハリスと対決したか、その構想はどこから得たかを次に述べたい。

十二月四日、将軍から井上、岩瀬に、ハリスとの交渉に関する全権委任状が下された。二人はハリスを訪ね、互いに委任状の照合が行われたあと、ハリスから条約草案のオランダ語訳を受け取った。

これはハリスが下田出発前に起草、準備していたもので、その基本は次のとおりである。
一　相互に首都に公使を置く。
二　新しく数港を開く。
三　輸入品に課税する。
四　アヘンの輸入禁止。
五　役人の介入なしに、両国人民が貿易する。
六　条約締結後五年を経過すれば、両国政府一方の要求で条約を改訂できる。
右は結果としてほとんど条約に含まれることになるが、会談劈頭文書で突きつけたのはハリスの先制攻撃で、イニシャアティブをアメリカ側が取ったようにも見える。しかし前章で触れたように、右の第一、第五はすでに堀田の認めていたことで、二人はそれだけ余裕を持って交渉に臨むことができたと思われる。

英文から蘭文、和文と二重の翻訳に手間取り、実際に交渉の開始されたのは十一日であった。

日本側の無知によって「領事裁判権」と「関税自主権」をやすやす認めたこの安政条約は幕府の失敗、というのが明治以来の通説であるが、主目的の貿易においては、岩瀬の作戦が完璧に奏功したのであった。

具体的にいえば、ハリスの固執した大坂開港を横浜の三年半後としたこと、一般外国人の国内通行を認めなかったことで、この二つが何故日本に有利であったかを中心に交渉の日時を追って以下詳しく述べてゆきたい。

再開されたこの日の談判が、日米修好通商条約交渉の第一日で「大日本古文書幕末外国関係文書之十八」によると、議題は「貿易仕法、公使居住地の件」となっている。以下ハリスと井上、岩瀬との間のやりとりは、主としてこの書による。まず開港地について。すでに下田は適当でないとされていて、代わりに「神奈川港」はという提案に対し、ハリスはそれを受けて、さらに「横浜村も右湾中の儀につき、同様相開き相成べき事」と指摘している点は重要である。

ハリスが江戸と下田との間を観光丸で往復するのはこのあとのことだが、船乗り経験の長い彼は良港「横浜」の存在をすでに知っていた。にもかかわらず、最後まで「大坂」に固執して岩瀬の術中に陥るのである。

次に公使駐在地について。「ミニストル差置場所は六郷川より神奈川迄」という二人の提案にハリスは、「一向に御拒み方然るべし」と即座に反対した。

公使の首都駐在は当時外交界の常識であり、堀田もそれを認めていたこと前述のとおりであるが、幕府内外では「夷人」外国人を江戸に入れることに反対の空気が強い中で、それを条約の明文とすることに二人は躊躇した。駆引としても、まず六郷、神奈川間では如何と相手の出方を見たのであろう。同じ戦法で「貿易仕法」についても、「魯蘭へ相約し候規則に基く」ことを提案した。「手広き場所を定め置、彼我一同右場所に品物持寄り、大勢互に入札して取引いたし、居宅おいて商売は致さずつもりに候」と切り出したが、ハリスは即座に「右にては、自由の商売にはこれ無く、矢張り役人立会の交易に御座候」としりぞけた。

二人は、役人はそこにいても取引にはまったく関与しないのだと弁明したが、ハリスは左のように断固この提案を一蹴した。

「魯蘭の条約は得と熟覧いたし候処、交易の詮は少しもこれ無く、只紙の価のごとく一向貴からざるものに御座候」。何か書いてあるようだが、それは単なる紙きれ、無価値のものといい棄てたのであった。

この日の会談は他に話題も多く、二人が「既に日も落ち候間、猶明日御談判仕度候」と終りを告げると、ハリスは「右ミニストル箇条は先刻仰せの趣にては迚も御談判御行届き難く、今一応今晩御熟考下され度」とダメを押した。


同十二日、第二回「公使居住地、本条約取替わし期限等の件」。

劈頭、挨拶もそこそこに、ハリスは、これからの談判が成功するか否かは「ミニストル江府居住の成否」にかかると切り出した。

昨日、一晩ゆっくり頭を冷やして考え直せと捨てぜりふした件である。

元々この件は「自由貿易」とともに、すでに堀田の諒解するところであったから、一応瀬踏みした上で、相手がノーといえばいつでも引っ込めるにやぶさかでない。

当時「談判」と称された、ハリスと二人との間の開国への交渉は、このような駆引きの連続で、この公使居住地問題がその最初の例といえる。

「人心の居合」を見て「漸々次第を逐って進む」方針を二人は述べた上で、「段々申立の趣もこれ有る事ゆえ、都府に差置候事、両人談決致し候」と、アッサリ前日の提案を引っ込めた。

「至極宜しき御儀に存じ奉り候」と言葉は丁寧だが、勝ちほこったハリスの顔が浮ぶ。

ところが、つづいて「仮条約は素より此節取替わすべくも、本条約取替わしの儀は、少々延し候様いたし度候」と二人がいい出し、話がもつれてくる。

ハリスは「本条約」延期とは、これから談判する「仮条約」の「用立候時の期限」すなわち発効期限かと念を押し、二人がうなづくと、何故その時期を延すのか、「其主意」がわからないと追求する。

「本格的取り交わし（調印のこと）もされ候えば直ちに其事を始め候趣」が、ハリスの原案で、それは来年七月幾日となっているが、この日より十八か月延ばしたいという。

これから二人と談判して通商条約が成立しても、それは「仮」条約であって「本条約」の発効はそれから遥か一年半先だと聞いて、ハリスは内心あきれたと思うが、ここはグッと押えて話題を転換し、そもそも「ミニストル差置かれ候は如何なる思召に候や」と本題に戻る。二人が「大統領よりの懇切の主意に応えたのだ」と他人事みたいに答えると、ハリスは、それは貿易が開始されれば「数人群集混雑を生じ候事も必ずこれ有り」、その前にミニストルに駐在を認めたほうがよいと説く。

これに対し、二人は次のように弁ずる。

「貿易を開き候には、新規の場所は猶更、奉行所取建より諸産物出し方其外、総て差支これ無き様取計い、手筈行届き申さず候ては、其期に臨み差支え不都合のみに候間、一躰の事を始る事を延し度旨を申談じ候事に候」。

つまり貿易開始と公使駐在のいずれを先にするか。ハリスは後者を優先すべきであり貿易上それが便利だといい、二人はその前に準備に十八か月が必要だという。

卵が先か鶏が先かという議論であるが、十八か月とは何といっても長すぎる。ハリスは準備の「手筈」をもっと早く進めろと繰り返すと、二人は「ミニストル置候にも、夫々手筈これ有り候故、かくの如く申談じ候訳にて、徒らに期を延し、ミニストルを拒むなど申す意にはこれ無く候」と繰り返し、堂々めぐりとなる。

ハリスは堪忍袋の緒を切り、そういうことなら「差上候条約草稿を御火中成され候方然るべく存じ奉り候」と怒りをブチまけた。

彼は立ち上がって草稿を鷲づかみにし、破いて棄てたという。

しかし二人は少しも動じない。昨日も話したとおり、双方親睦の上の談《はな》しなれば、互に勘弁を加え、歩み合い事を整え、すでにハリスの第一の主張である公使の都下駐在を認めた以上、その期限を延ばす話合、いわば手続上の相談に乗ってくれても「子細」はないはずだと応じる。

ハリスはなおも、そんな話は受けられない。「速かに立帰り申すべく候」と息まくが、二人は冷静で、いま「懇篤の談判」を進めているのであって、そのため延期の必要をいっている。条約を結ぶという本質的な問題についての「行違い」はないはずだ、と応じる。

ハリスはなおも、ミニストルに駐在を「三年余も御差止」することは「御不実の御主意」、つまり幕府の態度を不誠実だと難じるが、二人は、ミニストルの件ばかりではない、他の件についても延期するケースは出てくるだろうと、両者の応酬が続き、結局はハリスの負で延期を認め、次は具体的に如何するかの話になる。

二人は延期のことを公式の書面には載せず、「格別懇切の場合を以て、其許（ハリス）手心にて相延し候様相成難く候哉」と促がすと、それでは、千八百六十二年（文久二年）では如何と答え、二人は「其通りに候」と、これで本決まりとなる。

従って公使派遣は「千八百六十一年の正月より前には差越さざる様候積り」だが、条約上明文にするのは「恥辱」であるから勘弁してくれという。そして井上の名が出てくる。

「信濃守様御承知の通り、私一言申上候事は、決して御違約は仕らず候」と。

武士に二言はないという諺を、その頃のハリスは知っていたのではないか。

大袈裟にいえば、井上を証人にハリスは宣誓したようなものである。

あなたのいうことは「一言の違約」もないと我々は心得ている。この件もあなたが承知してくれれば「金石の如く」、絶対のものと安心していると井上は応じ、これで一件漸く落着した。

次は、日米両国間の重要問題となる公使旅行の件に移り、ハリスが質す。

「ジプロマケーキ（公使）アゲント（領事）旅行の事に付、昨日職役に付て公事ならば云々と申す事を御添えなられ候、右様に候哉」。

文中「職役に付て公事」とあるのは、今日の「公務」にあたる。公使、領事等正規の外交官の旅行に条件をつけるのは国際慣行に反する、「公務」を削れとハリスは主張、やりとりのあと、「ミニストル旅行の儀には、『公務』の字左程に差支候わば刪《さ》き申すべく、併せてセネラール官吏は格別、『普通の官吏』は開港場所の境を越して、公事の外出いたし候事はこれあるまじくと存じ候」と二人は答える。

その国を代表する外交官は別として、外国人国内旅行制限がはっきり示されハリスは不服だったろうが、二人は「追々は兎に角、今速かに普通官吏まで差免し候は、不都合に候」とキッパリはねつけた。

右の「追々」とはいつのことか、それは「兎角人心居り合、夫々規則相心得候まで」と、二人が前からいっている理由で、これを持ち出されると、ハリスもそれ以上はいえず、差しあたり、「公務」をはずすことで我慢した。それでも一歩前進ではあった。

この日の話題は、公使の江戸駐在、国内旅行の自由など重要な外交問題のほか、多岐にわたった。山陰、北陸の沿岸に二港を開くこと、収税についての予測、箱館への捕鯨船寄港の意味など、断片的に取り上げられた。最後に「貿易は立国の大本」というハリスのおはこが出て、とくに「江戸、大坂、京都にて自由に外国人と交際いたし候様御仕向これ無く候ては、十分の御益はこれ無く候」と、三都の開市開港が、日米交渉の焦点となることを予言した。この三都のうち、最終的には大坂に絞られ、それをいつ開くか、このあと二十五日まで争われることになる。

いずれにしても、この日は日米両国間で談判すべき問題点が一通り出揃い、これから個別に議論を重ね、結論を出すことになる。

「今日も薄暮に相成り」と二人が挨拶するほど時間もかけた。明後日また談判に入るが、「貿易筋の儀に付ては、面倒を省かず十分質疑を致す」積りだから、その心得でいて欲しいといわれ、ハリスは何でも「十分に御尋ね下さい、十分にお答えします」と応じて別れた。

一日おいて十四日から、日米交渉はいよいよ本番に入る。

日本は、幕府はどのような姿勢でそれに臨むべきか、おそらく岩瀬が草したと思われる「亜米利加人出府取掛り評議いたし差出候書付」が出府掛より十二日付で公表される。もちろん堀田と十分打ち合わせての上のことであろう。その要点を次に述べたい。

岩瀬は井上とともにこの月の初めからハリスと話合いの目的は何か、それを達成するには如何したらよいかを、「御三家」はじめ「大広間席諸家」、加州（前田）、因州（池田）、土州（山内）などの有力大名に説明してきた。

しかし彼らは「今万国の形勢近時の情勢悉く相弁えず」、世界の現状に暗いので、今岩瀬等がやっていることがわかっていない。

「君上（家定）もいまだ御年若に在らせられ、専ら一両輩（ハリス・ヒュースケン）の夷人の為に執政の御方（老中）誑惑せられ、御役人方（岩瀬ら）は夫に阿諛致し、苟安に流れ国事を誤り候とのみ存じ取候儀、諸家に限らず挙世七八分にこれ有り候……」。

若い将軍をいいことに、ハリスらは老中たちを誑らかし、役人たちはそれに諂《へつら》って、その日暮らしをすごしていると、右に挙げた諸家に限らず、大名の八割近くはそう思っている。

そうではなく、今こそ開港に向けて、「衆議一定是相定まり、国家万世の御基ここに相立つべく」、「実は乾坤一変の機に乗じ、中興の御鴻業を起され国勢更張の御時節千歳一遇の好機会」なのだと、岩瀬は最大の形容詞を並べ言葉を尽してチャンス、チャンスと強調している。その芽を潰さないよう、反対に最大限生かすためには、ハリスとどのように談判したらよいのか、岩瀬はこの時点ですでに成案を持っていて、それは次回の開港地をめぐる論戦において具体的に展開される。

岩瀬はまた重要な二つの提言を行っている。第一は「速かに奏聞を遂げさせられ、叡聞を経て天下に令し、十分に御措置在らせられ」ることで、それは「伊勢日光の神慮にも相叶う」はずだという指摘である。第二は交渉を重ねて、今度の条約が「十分に確定に至り候処にて」、「亞米利加へ遣わせられ候使節」に言及していることである。

このあと提案は二つとも実現される。第一の朝廷への「奏聞」は条約案の勅許に失敗するが、第二は三年後の有名な咸臨丸太平洋横断成功につながる。

安政四年（一八五七）の時点でこの構想を持つ岩瀬は、このあと「中興の御鴻業」を起す「千歳一遇の好機会」を生かすに必要な事項については、ハリスが何といおうが断固として譲らなかった。その小気味よい彼の動きを十四日第三回から、二十五日第九回までの交渉経過において伝えたい。

その焦点は、横浜の優先開港、つまり大坂開港をできるだけ遅らせることと、一般外国人に国内情況を知らせないための旅行禁止にあった。そのために井上の戦術（交渉テクニック）と岩瀬の戦略（幕府中興のための）がどのように展開されたか、詳しく見ていきたい。

一日おいて十四日、第三回の談判が蕃書調所で開かれた。主題は「開港地の件」である。

冒頭二人から、去る二日堀田の屋敷で始まった「重大の事」即ち修好通商条約交渉の件が、このようにキチンと「挨拶に及び候まで数多の日数を費し」たことを詫びている。

それは貴方を「徒らに待たせ置いた」わけではなく「数百年来鎖居り候国を新たに開き候儀には、其訳柄何れも得《とく》と会得相成、人心擾動致さざる様にと、滞府の列侯は申すに及ばず、在邑の面々へも、大統領より申越され候趣并びに其許懇切の意申達」していたため、このように挨拶が遅れてしまったのであると。

これから開港地について話し合うわけであるが、いずれにしても「方今一時に大造なる商売を取開き候わば忽ち動擾を起し候は必然」であるから、「当今相試し漸々手馴候に随い、猶相開き候様致すべく候」と、二人は「追々湊を増し申さず候ては相成申すまじく」と予想しながらもこのように慎重に切り出した。

つづけて商人と武家との違いを説明する。貿易に利ありと見れば商人は「速かに打解け折合も致すべく」も、武士は「弐百余年来の習風」もあって、「迚も急速打和」することは期待できない。といって「三十余年も四十余年も」このまま放っておくわけではない。二人がこう釈明すると「一時に数港御開き相成ては混雑出来との儀に御座候哉」、ハリスはズバリ聞く。「其の通りに候、尤も其方へ対し候にはこれ無く、国内の混雑を申す事にこれ有り候」。

この返事を確かめて、ハリスは具体的に「数港」開港のスケジュールを提案する。

「千八百五十九年七月四日（安政六年六月五日）」この条約を取り交わし、「此の日より用立つべし」とはすでに決まっていることであるが、「諸港に一同御開き」というわけではなく、「私の存念には」港ごとに何年何月と「毎港年月を異にし、追々御開き相成様」にしたい。

そこで三人は早速どの港をいつ開くかの討議に入る。

まず平戸と炭坑に近い港はリストから省く、長崎に近い炭坑が発見されたからである。

西海岸（日本海側）に二港としたが、一港は省き、一か所とする。

従って残るは「江戸、品川、京、大坂の四ヶ所」とハリスが結論すると、二人は即座に、「京都は決して相成らず候」とその開市に反対した。その一帯はだいたい「地狭」で商売する場所ではなく産物も少ない、「貿易など開き度」とは考えられない、という説明に対して、ハリスは外国人の著した風土記には「人口五十万富家豪家数千軒、産物も夥しく」とあり、また家康の頃来日した外国人の書には「京都は市中拾弐里四方、人口百五十万人」とあるではないかと反駁する。

二人は数字は別としてこれを一応歴史的事実と認めた上で、再びその開市の絶対的困難を繰り返す。京都は「天子の御居所にて、列侯大臣も猥りに宮中等へ参る事相成難く、尤も尊大を極め候儀にて、大坂は右之近傍故、政府に於いて殊の外致しにくくこれ有り候」とはっきりいわれて、ハリスは「御尤至極」と京都をアッサリ降りるが「大坂も同様相叶わずとの儀は承伏仕り難く候」と迫る。

「是亦皇居近傍故、何分相成難く候」と二人は木で鼻をくくったような返事を繰り返す。「右様一ヶ条も御取上これ無く候ては、迚も御相談は相整い難く候」とハリスは尻を捲らんばかり。いったい「条約を何と御覧成され候や」と彼が怒るのは無理もない。京都に近いからだけでは理由にならない。大坂を開きたくない理由は、後述するように他にあるが、二人は今その問題に入りたくないのである。

ハリスとすれば、ずっと下田に閉じ込められ、京都、大坂には一度も行ったことがない。現地を知らない弱味でこれ以上追及することをやめて話題を転換し、貿易の利を説く。幕府だけでなく諸侯も富むチャンスだと強調し、「神奈川」の名を挙げる。

「神奈川を御開き候様相成候わば、江戸近といい是迄の売込とは違い、必ず大勢引移り忽ち大都会を成し候様相成儀と存じ候」とのハリスの予言は、翌年隣の横浜開港早々実現するのであるが、二人は敢えて慎重論を唱える。

「当方の存念は敢えて利益の多少を論じ候儀にはこれ無く、主といたし候処は先ず聊かの商売を取開かせ、土人をして外国人と近付き、懇切無偽にて心置無く商売も出来致すものとの儀を、銘々心腸に徹する様致させ度手段にこれ有り候」。

事を急いではいけない。そのとおりには違いない。正論であるからハリスもそれ以上いえず、一旦話を移して西海岸の一港は新潟と具体的に決まったあと、「京、大坂、江戸、品川未だ相残居候」と開市開港の問題に再び戻る。

「江戸の儀は、此程申入候通り、神奈川開港の後にこれ無くては談判および難く候」という二人の答えはまともな答えではない。四か所のうち二か所しか答えていないからで、とにかく江戸は最後だといっているだけである。ただここに「神奈川開港」が討議の対象として初めて二人から出ている点、注目に値する。

もちろん品川の代わりで、そこが遠浅で大船をつなぐことができないこと、ハリスも知っていた。すでに「京」をあきらめていたハリスは、江戸と大坂にこだわり「両所条約に載せず候ては迚も十分の条約とは申し難く候」と強硬に主張した。

それでも「江戸御開港随分時を延し候事、如何様にも仕るべく候」と折れて、千八百五十八年の今から「五ヶ年相延し」てもよいという。和暦では文久二年正月にあたる。

江戸に準じて「大坂は三ヶ年半相延べく候」と、あとあとに残る重要な発言がこのときハリスから出る。「江戸」を「神奈川」に置き換え、さらに「横浜」が結果的にはこの翌年六月四日に開港され、それに「三ヶ年半」遅れて「大坂」が開かれることになる。江戸に近い横浜を優先し、貿易の利を先取りして、大坂の商権を江戸に取り戻そうという岩瀬の戦略を知らないハリスは、「大坂、大坂」とこのあとも大坂にこだわり、岩瀬の術中にはまる経過について次に詳説したい。

しかし、この十二月十四日、第三回の談判で、主要都市開市開港の日限が明確になったことは、日米交渉の一歩前進を示すものであるが、この日の談判を終えるにあたって二人は「港の儀は得と勘考の上、猶引合候様致すべく候」と答えるにとどまった。それでもハリスは具体的に開港のスケジュールを描き得た喜びをかくさなかった。

「十分の条約出来仕り候わば、私一世の大幸これに過ぎず、実に天下の望を遂ぐべく申し候」と手離しで二人に打ち明けた。

「右成就の上は官を辞し、隠遯仕り候心得に御座候」と、このときの発言をハリスはのちに実行している。彼の本心であったのである。その外交官としての発言には、硬軟とりどりの駈引がこれからも見られるが、それはすでに井上には疾く見破られ、岩瀬にも見下されつつあった。

翌十五日は在府諸大名登城の日である。この日付で老中から「米国総領事応接の件」が通達されているが、「御礼以前、水戸殿御部屋へ備中守罷出、亜墨利加使節応接書三通、演達の上之を差上ぐ」とその冒頭にあるとおり、「水戸」（当主は慶篤）の斉昭には特に気を遣って堀田自ら書類持参、経過説明をしている。

つづいて溜の間詰から雁の間詰まで万石以上の大名に牧野忠雅、松平乗全《のりやす》（この二人は現役老中ではないが、その長老格である）以下、老中手分けして同様説明している。

そのときの備中守殿御達を左に全文引用したい。

おそらく堀田自身の筆になるものと思われるからである。

大目付へ、

亜墨利加使節へ応接に及び候趣、且右に付使節差出候書付和解共相達し候、追々申立の趣容易ならざる事共に付、厚く御勘考在らせられ候処、近来世界の形勢一変致し、唐土の昔戦国の世七雄四方に立分れ居り候姿にて、御当国於いても已に外国と条約御取結び、御通交在らせられ候上は、古来の御制度にのみ泥《なず》みさせられ候ては御国勢御挽回の期これ無く、日夜御心を悩ませられ候御儀にこれ有り、

前年老中首座阿部正弘の決断で二百年余の鎖国を破り、ペリーと和親条約を結び、つづいて英仏蘭露に四国とも国として交際するようになった。右の国々はさらに通商を迫ってきて、その先頭がハリスのアメリカである。


併し非常の功は非常の時にこれ無く候ては成り難く、中興の御大業を立てさせられ御国威御更張の機会も亦此時にこれ有り候間、御変革在らせられ度思召候えども、当時御国内人心の居合方もこれ有り、人心不折合節は内外如何様の禍端を引出し申すべくも計り難く候。

先ず使節申立の趣成丈取縮め候積り、精々応接に及ばせ候えども、今般御処置の当否は国家治

乱の境に候間、右再応申立の趣猶心附候儀もこれ有り候わば、早々申上ぐべき旨仰出され候。此段相達し候事、

右の趣万石以上の面々へ達せらるべく候事。

今は「非常の時」「国家治安の境」と堀田は強調する一方、「使節申立の趣成丈取縮め候積り」と、決してハリスのいいなりにならぬよう、その要求を少しでも抑えつつ、平和裡に条約成立に苦辛している幕府の方針を宣明し、最後に意見あれば何でもいえと付言している。彼の性格、政見がよく出ていると思う。

十二月十六日、第四回対話書「開港地の件」。

ハリスと井上、岩瀬の対話はそのほとんどを『外国関係文書』によっているが、それがまた主たる根拠としている史料『堀田正睦外国掛中書類』にはこの日の速記が見られない、この回に限り欠けているとある。公使の江戸住居など当時の幕閣にとって、外部には知られたくないデリケートな問題に触れているためか、その理由はわからない。

その代わりというわけではもちろんないが、この日の対話の写し送付先が二人の名で冒頭左のように朱記されているのである。

評定所一座、海防掛、大目付、筒井肥前守、長崎、浦賀、箱館奉行、御目付までが上段に、下段に、後藤一兵衛、高橋平作、菊池大助、御備場掛りとあり、中段に「一覧仕候」として川路左衛門尉、土岐摂津守、永井玄蕃頭、塚越藤助と馴染の顔触れが署名している。

中段の後藤以下は長崎における日蘭、日露外交々渉にも加わていた実務官僚で、当時の外交問題が、どこで誰によって処理されていたか、一覧して知ることができる。この中で一人役職のない筒井政憲の名が見える。阿部老中以来、内治外交に経験の深い彼は、八十歳近いこの時期、なお有益な提言をつづけていたのであって、単に元老格として敬意を表されたものではないことを附言しておく。

繰り返すが、比類ない頭脳を持つ岩瀬と、交渉事にはまったく隙のない井上を相手に、彼は一人で相手しなければならなかった苦辛は察するに余りある。このあと交際の永い井上を「信濃守様」と呼んで、味方になって欲しい素振りをときに見せるのである。

この日の最初の話題は公使についてで、その来日はまだ先のことであるが、外国の代表を江戸に迎えてどのように待遇したらよいのか、国際慣行を二人は知りたかった。

まず住居について、「惣構共幾坪程」あればよいのかと聞かれて、ハリスはそれは個人の好み、事情によることとで、自分のような独り者は狭くても構わないが、家族のあるものはかなり広い場所が必要だろうと答える。

ワシントンの例によると、外国公使の居宅は「大抵間口拾七間奥行三拾間位」、「家は四階」建だとかなり広い。では使用人の数も多いに違いない。公使の「召連候僕隷の多寡」だいたいどのくらいか「各国の振合」を聞かれて、それは国々によって違うとハリスはいいながら、反対に日本のやり方を批判する。

「信濃守様御乗馬にて御出行の節も供廻りは猶更、五十人はお召具成さるべく」とは、ハリスが下田に住んでまもなく、奉行として乗り込んで来た井上の行列のことで、そのとき初対面の井上の面構に恐れをなしたにもかかわらず、その後交渉を重ねるうちに、二人は貧しくてエリートの途につけなかった無念さと、それに発奮した青年時代を共有していたこと、など前述した。

この時期二人はすでに親友といってよい仲であった。ハリスの上府、謁見まで、井上はずっと付き添い、二人だけで話す機会も増えていた。普通の例では幕府の監視は厳しく、この場合小人目付が必ず側を離れないのであるが、井上とハリスの場合例外であった。

話しを戻して、ハリスはいう。欧米では公使が「馬上外出の節」は別当一人を連れるだけのときもある。気晴しのためで、何人も供がついてはかえってうるさいからだ、と。いや日本にも同じ例がある。「乗切」と称して口取り一人だけ「延気」のため出かけるのだと、しばらく外交官、役人の生活話に花が咲いて、ようやく本題の開港場に入る。

「港の一条　此の条より追々申立てられ候趣もこれ有り候間、両人共心力を尽し評論等もいたし候え共、何分六ヶ敷実に困病いたし候」。

それまでの打ち解けた雰囲気とはがらっと変わった態度で、江戸、品川の二か所を期限を定めて開くこと、商人たちの居留地は金川、横浜に限ること、この二件を公式に二人は伝えた。

ハリスの要求をできるだけ「取縮め」た小出しの、しかし具体的画期的な提案であった。ここではっきり金川につづいて「横浜」の名が開港候補にあげられる。問題はその時期であるが、ハリスは、一応聞きおくという態度でそれには触れず、一転して「京、大坂は如何」と迫る。

二人は江戸品川を開いた以上、その他の場所は「其許にも格別に勘弁を尽し取極《きめ》」してもらわなければならないと慎重である。ハリスは、これは私一人の問題ではなく、万国にかかわることで「勘弁」

といわれてもどうしようもないというと、「此方とても商人に限り候儀にはこれ無く、日本全体へ係わり候事に候」と応じる。

互いに押問答のあと、ハリスは再び井上の名を持ち出す。

「信濃守様には此迄始終御引会も申上げ、能く御分りに此れ有るべく、私職務に懸け取扱出来候程の儀は、速かに御請け申上げ、不出来事は如何様仰聞けられ候共、辞を変じ候儀は曽てこれ無く、商売の分厘を吝み候様なる鄙劣の儀は仕らず候」。

自分の誠意を汲んで、自分のいうところを信じて、早く開港すればそれだけアメリカは他国に先んじ利益を得られるのに、二人がグズグズしているとロシヤ、オランダはもちろんイギリスやフランスも割り込んで来る、とハリスは例によってすかしたり嚇したり、駈引全開である。

二人はそれを百も承知で応じる。

「使節の意中信濃守は勿論肥後守も同様篤と察知いたし居候間、今日は五分明日は一寸と、商人同様の引合方は決して致さざる事にて、実に千辛万苦力を尽し江戸品川の談に及び候事にこれ有り候」。

ハリスの立場は二人もよくわかっている。幕府における二人の立場はハリスと同様で、「千辛万苦」してようやく江戸品川を開くことを堀田以下に認めさせたのだ。こうしたやりとりの繰り返しはこのあともつづくが、詳述は避け、要点のみを記す。

江戸開市は五年後千八百六十三年正月一日(文久二年十一月十一日)、アメリカの商人は金川横浜に居住、江戸には商用で往復する。

品川は遠浅で大船をつなぐことができないから「神奈川へ碇泊」するほかないとその貿易港として

有望なことを説く。ここを開けば「都下の商人先を争って引移り」行く行くは「大都会」となるだろう。

ここで「問屋」という日本独特の商取引を円滑にする存在にしばらく話題が移るが、ハリスには容易に理解できないまま話しはもとに戻り、ハリスは地図を前にして、「品川碇泊所に相成らざる儀」はよくわかった、断念すると明言し、話は金川に移る。

「金川開港は只今と申すにはこれ無く、兼ねて申聞けられ候年期（安政六年七月四日）もこれ有り、夫迄には如何様にも行届き申すべく」、条約成立と知れば「百工悉く集り、一切差支えこれあるまじく候」。

商人も職人もたちまち集り、大都会となるだろうという、岩瀬のこの積極的発言のとおりに歴史は動いたことを我々は知っている。その経過はのちに詳述したい。

「今日は既に夜にも入り、追々時刻も移り候間、猶明日引合申すべく候」。

朝の九時から暗くなるまで、二人はともかく、一人で孤軍奮闘するハリスの労苦察すべく、知己の友井上にすがる気持もよくわかるのである。

十二月十八日　第五回対話書　「江戸居留の件」。

この日の議題の焦点は外国商人が大消費地江戸で自由に商売できるか否かにあった。ロンドン、北京と並ぶ百万都市江戸は、彼らにとって垂涎の的で、その入口金川から話は始まる。

「金川は数年の内必ず盛大の交易場と相成申すべく、私一覧仕り候所にては、江戸海中第一の好湾と存じ奉り候」。

ハリスのいうとおりであろう。

「玩具などに至りては、迚も江戸にこれ無くては捌方相成申すまじく、其他何品にても十の九までは江戸に捌け、残り一分丈を日本全州へ売渡候様相成申すべしと存じ奉り候」。

貿易商品の九〇パーセントが江戸、とはいいすぎと思ったのか、次のようにもいう。

「江戸居留の儀御許しこれ無く候ては、商売の半を御断り成られ候筋にて、十分の条約にはこれ無く候」。

ハリスの抗議から二、三やりとりのあと、外国人商人の江戸逗留を許すことになる。

「左候はば、金川を居留の所といたし、江戸市中に場所を定め、商売の為一時逗留致し候丈を差免すべく候。妻子等召連れ候儀は相叶い難く候」。

では「居留」と「逗留」とはどう違うのか、妻子と一緒に留まることができるか否かである。商売のためならば江戸府内に入り、数日逗留を認めようと二人は一歩譲ったのである。従って、「当今条約書には何年何月江戸を開くべしと認め置き、五ヶ年を経て右場所談判を経て差定め候様致すべく候」。五年もあとかとハリスは不満であったろう、支那の例を挙げ、千年も前から外国人が住み、現在その数は官民併せて千人近いという。しかし日本は「是迄開け居り候国と是より開き候国とは一概同様には参り難い」。

「亜国丈に候えば子細もこれ無く候えども商売相開候上は、これまで名も聞き及ばざる国々よりも船舶差越候様相成るべく」、その際、この国は許し、他の国には許さないというわけにはいかない、だから「今より五年後」という準備期間が必要なのだ。けっして妻子を嫌っているのではなく「人心の居合」を待っているのだと、同じ言葉を何遍も繰り返す二人は、排外的な支那とは国情が違うのだと左のように釘を差し、この日の対話を終る。

「此の程より人心居合の事に付いては、政府に於いて深く心配致し候との儀は、決して究理を説き候にはこれ無く、追々航海を開き諸州へ船舶差向候も、国人をして外国人の人情風俗を知らしめんが為にこれ有り、支那の外情に慣れて却って鎖蟄致し候と、一様に見られ候ては当方の意徹し兼ね候」。

この言葉のとおり、咸臨丸が太平洋を渡るのはわずか二年余りのちのこと、それを提案したのは岩瀬で、最終的に準備万端を整え出帆させたのが、そのときの外国奉行井上であった。

たまたま咸臨丸には勝海舟、福沢諭吉が乗っていて、つぶさに先進アメリカの政治、経済、軍事の実情を眼のあたりして帰ることができた。この二人を乗せた咸臨丸の成功は、それを企画した岩瀬と実行した井上のコンビのお蔭といっても過言ではない。

十二月十九日、第六回対話書「開港地の件」。

ハリスと二人の対話筆記は直ちに清書され、当人たちに渡っていたのではないか。この日冒頭アメリカが「事をなす為」とあるところを「商売の為」と改めたいと二人がいい出して、二、三やりとりのあったあと、ハリスがこう催促した。

「先右の廉は差置、京大坂の事は如何御座候哉」。

「京師は過日も申談じ候通り、決して相成らず候、大坂も是に準じ相成難く候」。

二人が即答すると、ハリスは何故大坂は不可なのかしつこく繰り返す。要するに「皇居近傍」だからだと二人も繰り返し、地図を持って来させてハリスに見せる。

大坂は「川筋四通五達、商売都合宜しく」江戸につぐ大都会なのにとハリスは未練タップリながら、その近辺に開港場にふさわしい「御開きの地」があるのかと見入る。

そこで堺と兵庫が候補に上がるが、ハリスはとくに関心を示さず、得意の話題転換を図る。

「右は姑く差置き第七条の儀は如何御座候哉」。

大坂開港時期と並んで、今回日米交渉の重要課題、外国官吏旅行の件である。

公使総領事以外の官吏はダメだと繰り返されて、ハリスは一年以上日本に在住した者はどうかと聞く。

「迚も整い難く候」と岩瀬に一蹴されると、「亜人旅行の主意は、其土地土地にて産業の様子を覗き候外別意これ無」くと弁解する。

ハリスとしては日本国内の地勢を見たり、軍事施設の有無を調べる軍事目的はないといったつもりだが、まさにその平和的目的「内地の産業の様子」こそは、岩瀬が絶対許せないと一貫して反対した方針、政策であった。

ハリスは屈せずに粘るが、岩瀬はこうもいう。文久二年以降一般日本人に慣れてくれば、そのときの模様によっては、官吏だけでなく外国人誰でも旅行できるようになるかもしれないが、「即今全州を恣に旅行致し候儀は思いも寄らず、迚も談判に及び難く候」と剣もホロロである。

この対話の初めに、日本側は主として井上が発言していたと書いたが、大坂と国内旅行という、のちにハリスが「セヴァストポリ要塞の攻防戦」と回顧した日米交渉決戦の場では、井上をおいて岩瀬が矢面に立っていたに違いない。

ハリスはここでも英国、イスパニア、ポルトガルなどヨーロッパの例を持ち出し、要するに江戸に商人が入るのは「一両日又は四、五日、其事を致す迄の事にて、外の意味御座無く候」であり、「商売さえ出来候えば、外は子細御座無候」と繰り返す。

「夫に換えかたき難事これ有り、何分整い難き候」。

冷然と岩瀬は答えたに違いない。ここでハリスは態度を一変して懇願する。

国内旅行の件を「御聞済相成候えば、京師を止め、大坂居留を止め、江戸の処御旨意の通り心得候様仕るべく候」とまで折れるが、岩瀬は聴かない。

「日本一躰の政治に関係いたし候儀に付、相成り難く候」、日本全体の政治にかかわることで絶対認められないという。

「右七ヶ条御省き相成候ては、十分の条約には相成らず候、篤と御勘考下され候」。

懇願を重ねて否定され、ハリスも三度態度を変え、条約交渉決裂をにおわせるが、岩瀬は変わらない。

「此方の事情も、篤と勘弁致さるべく候」。

ハリス「私勘弁出来候儀は勘弁仕り候」。

岩瀬「只今も申談じ候通り、此方何分整い難きに付、其方にて今一応勘弁致さるべく候」。

最後は押問答の繰り返しで、この日は終わる。

こうしてまったく行き詰まった日米交渉の打開はどうして行われたのであろうか。

十二月二十一日、第七回対話書「居留地、米穀銅輸出、米国海軍貯蔵所設置等の件」。この日は左のような岩瀬の挨拶に始まる。

「過刻七ヶ条引戻しの儀に付、信濃守へ申聞けられ候趣同人より委細承り及び、当方事情推考致され斟酌の取計方、肥後守おいても忝《かたじけ》なく存じ候」。

冒頭「過刻七ヶ条引戻し」に至った事情をまず説明する必要がある。

まず「過刻」すなわちこの日早朝、井上は単身、通訳は伴ったであろうが、ハリスの宿舎を訪ね、「七ヶ条引戻し」すなわち外国人国内旅行を断念させたのであった。もちろん前日堀田、岩瀬等と相談した結果であろうが、その説得役は井上のほかにはない。この時期ハリスが彼に頼るというより、すがらんばかりの心情にあったことはすでに述べたとおりである。

その対談の様子はカール・クロウ著『ハリス伝』に詳しい。井上は外交交渉の相手というより友人として、ハリスに忠告した。

このまま貴方が「第七条」外国人国内旅行を主張すれば、この交渉は決裂して空しく帰国するしかない。それでもよいのか、一年半の苦辛努力が無になるではないか。

ハリスは即時に「他の件で自分の主張を認めてくれれば」と、「第七条」を降りた。井上とサシで話し合える場であったから、その言葉を待っていたかのように即答したのである。

「他の件」とは何か。この時点で残る問題の最たるものは「大坂」以外にない。金川、すなわち横浜の将来性はハリスも十分認めてはいたが、アメリカでその名を知る者は皆無である。現に日本一の商業都市大坂の開港が実現できなければ、この条約は成立しないとハリスは信じている。いつ大坂を開港するか、その日時を明確にしなければ通商条約の意味がない。

その焦りを十分承知の上で岩瀬は、大坂のことは何分ハリスの意に応じ難いが、「併し、其方も、夫々斟酌の所為もこれ有ること故、尚熟考の上挨拶に及ぶべく候」と、絶対ダメだといっていた言葉をあらためて、妥協をほのめかした。ハリスが「七ヶ条」を降りたことを評価してのことである。

この岩瀬にハリスは直ちに応じた。

「今朝信濃守様へ七ヶ条全く引戻候旨申上候」と。

外国人の日本国内旅行禁止がこうして結着したあと、懸案の米、銅の輸出禁止が原則として決まった。いずれも輸出にまわすだけの産出量がないからで、米の場合、日本が必要とするときはハワイあたりから輸入できますよ、とハリスは好意的である。

次にアメリカ海軍貯蔵物の置き場を長崎、箱館に置くことを二人は認めた。

アメリカ艦隊は東洋々上に在って、五か年分の食料など必需品を香港に貯えていたが、気候もよくなく、とかく損じやすく困っている。日本に置いてもらえればその心配もなく便利である。

食料のほか船具、合薬、新しく発明された小銃などがあるが、大砲は置かないというハリスの説明に「委細相分り申候」となる。ただ「合薬」火薬類は「人家最寄にこれ無き処」にと注意している。

十二月二十三日、第八回対話書書「米国海軍貯蔵所、通用金銀引替、大坂開港、礼拝所、并びに本条約取替し等の件」。

最初の海軍貯蔵所については前々日案の文書一部訂正であり、次はドルと金銀小判との交換比率などペリー以後開港以前の暫定的な取決め実行についての話合いである。その内容についての説明は省略したい。

ここで大坂の問題が蒸し返される。井上が次のようにいう。岩瀬はまだ来ていない。

「両人種々力を尽し候えども、大坂の一条何分六ヶ敷く、併しながら一昨日信濃守面会の節、堺より日帰りにては、自然病気等の砌差支候旨申聞けられ、実に余儀無き次第に相聞え候間、右の趣を以て両人とも勘弁を尽し堺と大坂との間において旅館壱ヶ所相設け、大坂に至り候もの病気等の節は右場所へ止宿致させ候積り取計い、且つ開き候期限は兼て申入候通り、外場所とは訳違い政府においても取扱いがたき意味もこれ有次第に付、千八百六十五年第一月一日（元治元年十二月）より相開き候様致すべく候」。

初めて大坂開港の日時を明言した言葉として重要であるが、江戸のそれより二か年あとと聞いて、ハリスは猛然と抗議する。

「最前江戸は五ヶ年後、大坂堺は三ヶ年半にてお開きの積り……」と聞いていたから、日本国内旅行の件も譲ったのに。どういうわけだ、わからないと、これは怒るのが当然である。

井上は年限について貴方の希望は聞いていたが、「有無の答に及び候儀は曾てこれ無く、当方より申入候は、只今初めての事にこれ有り候」と、とにかくハリスが延々と粘ってきた大坂開港の時期が、公式に明示されたことは結構といわんばかりである。

江戸より一年半前のはずがその反対に二年後とあっては、相手が井上でもハリスが腹を立てるのはもっともである。そんな話ならば外国人国内旅行の話しはもとへ戻すという。これは当然である。

それでもハリスは尻をまくって席を立つまでには至らない。

「大坂は皇居の最寄、殊に人心不居合候間相成難き旨申入候処、病人等出来の節は日帰にては差支候由申聞けられ候に付、何れ肥後守参り次第談判致し挨拶に及ぶべき旨、申入置候事にこれ有り候」。

こう繰り返す井上にハリスは「其通りに御座候」と岩瀬との談判を待つ。

そのあと話題は礼拝所から、武器や米麦輸出禁止など前回の取決めを補うことに移り、最後に、今回評議の条約が合意したら「当方より使節差出し、華盛頓府に於いて取替し候ては如何これ有るべき哉」、と条約調印はワシントンで行い、そのためには此方から使節を派遣すると提案し、ハリスを「私の洪福此上無し」と喜ばせ、この日の会談を終わる。

結局岩瀬はこの日姿を見せなかった。

これは推測であるが、大坂開港を認めてよい時期に来ているにかかわらず、一層の引延しをできない相談ではあっても、重ねて主張したのは演技であって二人の本意ではなかったのではないか。

この日の交渉は溜の間はじめ周囲に対するゼスチャーで、その役まわりがまた井上に来たのであって、通過儀式としてハリスももう一回待ったのではないか。

十二月二十五日、第九回対話書「開港地、遊歩区域、商法定則、本条約為取替等の件」。

この日、ついに大坂開港が決まった。

二人は堺、大坂の地図を開きながら、ハリスに告げた。

「大坂の儀、段々申聞けられ候趣もこれ有候に付、両人共格別力を尽し評論に評論を重ね、江戸の通り差免し候筈に取極め申候。此の儀に付いては実に政府においても取計い難き意味これ有事に候」。

今まであれほど大坂にこだわってきたハリス、それを知りつつここまで引っ張って来た二人、それぞれ感慨もあったはずだが、ハリスはまともに答えず、素気なく次の質問に移った。

「大坂兵庫堺等の大湾曲の惣名を何と唱え候哉」。

「摂津之湾と唱え申候」。

これは実地を知っている岩瀬が答えたのであろう。それを知らないハリスは、大坂、兵庫、堺、三港の周辺の地理などを聞いたあと、最終的に大坂開港を決める。

「江戸は千八百六十二年（文久元年十二月二日）第一月一日、大坂堺は千八百六十三年（文久二年十一月十二日）第一月一日御開と致し候わば御差支もこれ有るまじく、是にて御治定下さるべく候」。

このハリスの言葉に、二人は、

「其通取極るべく候」

と答え、すでに千八百五十九年七月四日と決まっている横浜（金川）の三年半あとと決ったのである。

前回、井上が大坂開港を横浜の四年半後としてハリスを怒らしたのは、おそらく岩瀬の指示によるハッタリで、実際には三年半で十分すぎるほど十分であった。この間に横浜は生糸輸出の予想外の発展で、大坂の商権を江戸に取り戻すという岩瀬の構想が実現するのである。彼がこの構想を固めたのは、この秋、長崎から帰府するまでの旅中であった。

岩瀬は秋長崎における日蘭、日露追加条約交渉を終ったあと、九月二十三日、長崎を発ち、海路天草、雲仙をまわって八代に上陸、熊本、久留米を経て、十月八日、小倉から船で瀬戸内海に入り、兵庫、大坂を経て京都に着いた。

彼は通過したこれら九州諸藩の士と逢ったことはもちろん、天草においては薩摩藩の密使と逢った可能性が高い。

京都では幕府関係者と海防を論じたのち大坂に戻り、船で紀州を廻って伊勢湾に入り、十一月二日、鳥羽に入港、四日、三河吉田に上陸、以降陸行して十五日、帰府する。

ここに詳しくその旅程を記したのは、江戸の役人としてはなかなかそのチャンスのない西南の要地を、岩瀬は実地に自分の足と目で確かめたことをいいたかったからである。

とくに京都と大坂の間を往復、つまり二度歩いたことは重要である。彼が十一月六日付三河日坂《にっさか》から江戸の目付局へ送った報告書(「外国関係文書」之十八)には大坂から京都へは、

淀川筋竹田街道より僅か一日にも皇居に達し、更に険阻の場所もこれ無く、明き抜け同然の地形……

と指摘している。大坂が開港されて市内に外国人が住むようになり、彼らがもし十里四方を越えて京都市内に入ろうとすれば、地形的にそれを阻むものはなく簡単に入れる。万一戦争となり外国軍が大坂に上陸すれば、京都までは明き抜け同然であるから、たちまち皇居は危殆に瀕し、天皇遷都という

事態になる。

こういうことが起り得ることを口実として、岩瀬は大坂開市に反対し、引延し、最終的には横浜の三年半後とした。この間にその港湾商業施設や街区を整備し、江戸経済圏の要としようと図り、その未来図を次のように描いた。

（横浜で）盛んに貿易御開き相成り候えば、内には日本全国の諸貨物ことごとく外国品替えのために持ち運び、外には万国の貨品すべて江都（江戸）の捌き方に依って全国へ配賦致し様成され、天下の利権全く御手許に帰し、かつは御膝下の儀故、その時々の弊害も速やかに相知り候儀故、聡明を蔽い候患いもこれ無く、速やかに御措置の次第も相立ち善悪とも御取締もよろしく……（同右）

横浜が開港を想定してその経済的効果を幕府が全面的に吸収できるとまず謳う。それは何よりも江戸に近い「御膝下」でのことであるから、取締りも行き届き、横浜に集散する輸出入商品から「お手許に」入る関税は莫大な金額となるだろう。つづいてその軍事的効果を説く。

かつ眼前に万国の船々入津致し居る候儀につき、英国ロンドンなどの振合いにて、武備の精錬自然怠慢相成らざる気分に推し移り、士気も一層凛然と罷り成り、内海陸手とも御備え向も自然厳重に相立ち、又は外国の船々渡来のうち軍国の利益筋新奇発明の品もこれ有り候えば、江都近くの儀故、誰にも手軽に相学び候儀も出来、すべての精美まず江府に御採り成され候て、闔境《こうきょう》（全国）推し及び候手順に相成り……。（同右）

とにかく目の前に外国船が続々入港してくる様を見ていれば、自然と「武備の精錬」を怠ってはならぬという気分となり、「士気」「凛然」となる。新鋭の武器、発明品も入ってくるだろうから、それはまず江戸で採り入れ、「相学んだ上」で順次地方に及ぼす。そうなればその政治的効果は次のように完璧となる。

天下の権勢いよいよ御掌握に帰し候事これあるのみならず、上は京都に対しなされ候て宸襟を休められ候大義御美徳相顕われ、諸藩末々まで一言も申上げこれ無く、下は天下の利権をお膝下に帰し万世の利源を興し、中興一新の御鴻業もこれに従いて相立ち候御基本と存じ奉り候。(同右)

ここで、「天下の利権を御膝下に」と繰り返し強調している。「天下の権勢」すなわち政治権力は江戸に、経済的効果はその膝下の横浜に集中され、相まって徳川幕府は「中興一新」の大業成ると、言葉を尽くして横浜の未来を謳う。

明治に入ってのち、横浜はロンドン、ニューヨークと並ぶ貿易港としてその名を世界に知られるが、当時は宿場神奈川の一寒漁村にすぎず、まったく無名の存在であった。

岩瀬が右の書簡の中で、「神奈川」を使わず「横浜」に終始していること注目すべきで、その先見力に敬服するほかない。

反対にハリスは横浜の良港としての可能性を知ってはいたものの、終始当時最大の商都大坂に捉われて、その開市開港と引き換えに横浜の優先開港と外国人国内旅行権を奪われた。いずれもその後の貿易戦において最強の武器となったものである。

しかし、ハリスのこの敗北には同情すべき点もある。

彼は伊豆半島の先端下田という小さな町に、来日以来一年余り閉じ込められていて、岩瀬のように国内市場をまったく見たことはない。彼の対日貿易上必要な知識の出所はシーボルトの日本に関する著書や、歴代オランダキャピタンの報告書などで、岩瀬のように自分の目と足で確かめた最新のものには、まるで歯の立たない遅れた資料であった。

彼はまた開かれる港の数にこだわった。それが多ければそれだけ貿易は盛んになるものと単純に考え、その名を並べたが次々に消されていくのを見守るしかなかった。

この交渉を有利に進める上で彼の頼みとしたのは、アメリカに限らず西洋強国の軍事力、端的にいえば「黒船」、軍艦の来日であった。井上と岩瀬を相手にしてハリスはこれをほのめかし恫喝したが、それも頭に入れていた二人にはあまり効果はなかった。

ハリスは日本の国土、すなわち他人の土地について有効な抗弁力を持たない。結局従わざるを得ない。

それでもこの日は大問題が片附いたあとであり、遊歩地域のことから西洋人は散歩を好むという話になり、登山にも及ぶ和やかな雰囲気で一日を終る。

最後に前々日、予告していた「条約本書取替わしの儀は、弥《いよいよ》当方より使節差遣わされ、華盛頓府に於て取替し候事と治定致し候」と井上が正式に伝え、ハリスもそれではそのとおり第十六条の文言を改めようと答える。

十二月二十六日、第十回対話書「租税法の件」。

この月十四日から本格的日米通商条約案が談判され、前日ハリスの最大の目標である大坂開市を日本側が認め、ここで交渉は大きな山を越えた。

その翌日、何となく和やかな雰囲気の中で、「昨日申聞けられ候通り、租税の法巨細承るべく候」と、二人は関税についてハリスのレクチャーを乞うた。

吾々はアメリカ、ヨーロッパで行われている輸出入の関税について無知であるから、万事教えてくれというので、ハリスは、噸税をはじめ実例を詳しく講義、啓蒙する。

そのうち古くから入港する外国船に対して課していた噸税、すなわち船の大きさに比例しての課税をロシアなど今もつづけているが、英米は何故それを廃止したか。

自国船からは徴収せず外国船にのみ求めるのは不公平であり、課税される外国船の積荷は当然高くなるから、入港する外国船は減少し、港は極端にいえばさびれてしまう。商品にも船にも競争力ある米英はそれを知って廃止したので、日本は初めから噸税など考えるなと、ハリスは説いたのである。

噸税と並んで輸出税はかけるなというのがハリスの持論で、これについては最後に詳述するが、輸入税率としては、ざっと二割平均、必需品は安く贅沢品は高くという原則で三段階に分ける。最終的には輸出税と同じく年を越えた第十三回対談で決定する。

その他、「輸出の改め方の手続承り度候」とか「包内を改める方は如何に候哉」とか、具体的な細かい質問にもハリスは丁寧に答えている。その中で、「生糸」についての予言は注目に値する。

「只今日本にて交易御開き相成候えば、織物夥しく出来候様相成るべく、糸不足に相成候えば清国より持渡申すべく候。只今迄日本にて交易の道開けず候えども、拾参年も御執行成られ（条約執行より改正迄の年月）候えば、追々手馴独働いたし、最初の譬えこれ三千斤の重荷を担うように相成申すべく候共、其節不便の廉は勝手に御改正成されるべく候」。

ハリスは開港すれば絹織物の輸出が増えると予想し、原糸不足のため中国よりの輸入が急増すると見ている。その量がたとえ「三千斤」であっても、その後十年余も経つうちに機業地も「手馴独働」し生糸の生産も上がって、中国糸に頼らなくてもいいようになるだろうから、そのときは「不便」（不利）な輸入税を、「勝手に」改正すればよいのだ。

だいたいこんな意味と思われるハリスの見通しが当たったというより、早くから生糸輸出を見込んでいた甲州や上州の製糸業者が開港早々横浜へ生糸を持ち込んだ。たまたまフランスに流行病が発生して蚕が大量に斃死し、生糸の生産量が激減したため、日本の生糸輸出が爆発的に増え、その間混乱もあったが、結果として幕府の財政を大いに潤すこととなった。岩瀬の提案で輸出税五パーセントを課していたから、高額商品生糸の輸出税は幕府にとって予想外の恩恵であった。

もちろんハリスがそこまで予想していたわけでない。彼は京都はもちろん上州の機業地を実際に見たわけではないが、絹織物の生産が盛んな土地であることは知っていたであろう。

これもハリスの東南アジア貿易経験から、生糸にも関心と知識を持っていたからと思われる。このアドバイスでこの日は終る。

「委細承り候、租税の事は何れ出納の役人へ申談じ挨拶に及ぶべく候」と二人の感謝の意を表すると、「永々御両人様、私の申上候くたくだしき儀、御気長に御聞取下され有難く存じ奉り候」とハリスも余裕をもって応じる。

「使節にも大儀の事に存じ候。互に国家の為の事ゆえ聊か労苦を数え、私の喜怒を先だて候はこれ無く候」と二人がその労をねぎらうと、ハリスも「至極其通に御座候」と答える。

互いに「国家」のため「私の喜怒」を越えて真剣に話し合った、と両者ともホッとした気分のうちに多事の年、安政四年は暮れていった。

第三部

第十一章　安政五年正月、波瀾の政局を迎える

前章で述べたように条約交渉は安政四年（一八五七）十二月二十六日で一応終わったが、幕府には暮も正月もなかった。二十八日、二十九日の両日、在府の諸侯を城内の大広間に集めて条約交渉の経過を早速説明した。

冒頭将軍家定の言葉に始まり、大目付土岐司会の形で、経過と内容の説明は岩瀬が担当、詳細を極めたが、諸侯からはとくに質問もなくて一応諒承の形で散会した。岩瀬は疑点あれば徹夜しても答えるといったが、それに応ずる大名はいなかった。

この二日にわたる一般諸侯への説明は開港への経過処置、儀式であって、本命、つまりその賛同を明確に得る必要のある大物がまだ残っていた。

徳川斉昭と島津斉彬《なりあきら》、それに溜の間詰諸侯である。

開国への考え方、対応は三者三様であるが、それぞれの立場で政治力を持ち、老中、すなわち御用部屋に対し圧力を加え得る存在であった。

まず斉昭は前月十五日上書して、自ら大艦を建造し多くの士卒を率いて渡米し、アメリカ政府と交渉するといい出し、その費用として百万両を請求して堀田を唖然とさせていた。彼の考え方は攘夷が

根底にあり、夷すなわち外国から迫られての開国は非であるが、こなたから押しかけての開国は是なのである。

こういう経緯があって堀田も斉昭を捨て置くわけにもいかず、十二月二十九日、日米交渉の経過報告とその諒解を求めて、川路と永井の二人を駒込の水戸屋敷に派遣した。このとき斉昭は今頃何だという喧嘩腰で、「備中（堀田）伊賀（松平忠固）には腹を切らせ、ハリスは首を刎ねて然るべし、斬ってしまえ」とわめいたことはよく知られている。

斉昭の気質、行動を知る川路は少しも動じなかったが、初見の若い永井は、隠居であっても御三家の水戸斉昭からとがめられて、その場で切腹を覚悟したという。

正式の上使ではなかったが、父の非礼を知った一橋慶喜は、右の二人のほか、土岐、井上、岩瀬を新年早々自邸に招いて深謝し、累代の唐織の能装束裂地を与えた上、堀田にも別品を届けさせ、同時に父斉昭に説いてその非を川路らに詫びさせた。

かねてその英明を聞いていた五人は、明けて数え二十二歳の慶喜にすっかり信服、以後慶喜擁立派と見られ、反対派の首領井伊大老から真っ先に幕府外に放り出される運命となる。

次に斉彬であるが、彼はかねてから阿部と同腹の開国派であること、誰の目にも明らかであったが、十二月二十五日、開国は自明のこととして、さらに将軍継嗣に慶喜を推すべきことを上申した。自らの養女篤子が将軍家慶の正妻で、世子を生む可能性があることを知っての上のことである。

十年前、彼も松平慶永《よしなが》についで少年の慶喜に逢ったことがある。前将軍や慶永と同じく彼も大いに慶喜に惹かれたが、大人になって見ないと何ともいえないと慎重であったのが、この時期、その将軍としての可能性を大胆にいい出したのであった。

慶永とともに将軍継嗣をいい出した蜂須賀が、その上申の中で「朝裁」(朝廷の許し)という辞を用いていたこと前に指摘したが、今度の条約調印について勅許を得よといい出したのは川路聖謨《としあきら》と『正睦伝』は記している。万事慎重で手堅い川路らしい提言である。まだ十一月中のことで、当時堀田がどう考えていたかその心中は定かでないが、事前に朝廷に報告あるいはその意向を採るという目的で、林大学頭と目付津田半三郎が、十二月九日上京を命じられた。

京都における二人の動きについては後述するが、結果としては時期、人選ともに失敗であった。

二人の報告が来ないうちに、堀田は自ら勅許を得なければと思い詰めたのではないか。そして、そのきっかけは、やはり二十九日斉昭の暴言にあったのではないか。慶喜の機転と取り成しのお陰で斉昭との間は後を引かずに無事治まったが、溜の間のほうもこのまま放っておくわけにはいかない。勅許を得れば彼らもそれに抗言はできないが、それは林や津田に任せられることではない。自分が行かねばと思い詰めたのではないか。

正月四日、その意向は井上と岩瀬に伝えられた。新年の挨拶の折り、この条約調印は「勅許」を得るまでしばらく延期といわれてハリスは驚いた。将軍では済まないのか、もっと偉い人がいるのか、というのである。

二人はそれは方便である。勅許を得ることは容易で、それによって反対派を抑えることができると自信を持って説明した。初めハリスは、それなら自分が京都に行くと息巻いたが、結局は折れて延期を認めた。

その翌日、五日に井上はハリスに逢って状況を話した。

現今十八人の大諸侯中、開港通商を可とするものは僅か四人にして、他の十四人は皆これに反対せり。又三百人の譜代諸侯中、開国の政策を賛成するものは九十人にして、其余は皆これに反対の意見を抱けり。(『正睦伝』)

この数字は如何にも井上らしく正確なものであるとここでコメントしておきたい。つづいて条約交渉が再開される。

安政五年正月六日、第十一回対話書「領事国内旅行の件」。

その国を代表するデプロマチーキ・アゲント(公使)およびコンシュル・ゼネラール(総領事)は格別、並みのコンシュル(領事)以下の外交関係者は日本国内の旅行を認めない、と再確認したのがこの日の結論であった。

ハリスは「コンシュル等全国を旅行致し候は、万国普通之法に候間」、「矢張本《もと》の通り据置方御為と存じ候」と一般外国人の国内旅行権復活を、未練がましく持ち出した。

仮に国内旅行するとしても、領事ほか四、五人の人数で目立たぬようにするから「差免《さしゆる》し」て欲しいというのである。

しかし二人に譲る気配は毛頭ない。

「開港場所を歩行と申す儀に候えば条理も相立ち候えども、全国中旅行と相成候ては、人心の居合方にも拘わり候間、何れにも申入候通承伏致すべく候」。

「人心の居合」という何十遍も出た言葉を理由に、「承伏」しろ、このほうのいうことを文句をいわず聞けというのである。

それでもハリスは承伏しない。日本はペリー来航以来、ロシア、オランダ等とも条約を結び、「追々外国の法も御用い相成候儀に付、此位の廉《かど》御承允これ無き筈はこれ無」いと、このあといいつのるが、正規外交官以外に自由に国内旅行を許せば、必ず事件を起すと二人は見る。

「相許候えば必ず間違出来し候事と見据候儀を、其儘定置候儀は何分相成難く候」。

間違が起こるとわかっていながら、「其儘定置」くことはできない、と最終的に断わられハリスは尻をまくる。

「御沙汰の趣にては亞国政府をお恥《はずか》しめ成られ候儀にて、其通り取極め候わば、必ず大統領此約書を足下に掛け申すべく候」。

しかし二人は動じない。こういうことをいうのも、「両国の交情永く欠崩せざる様」願っているからで、そのうち「勘考の上書改候様致すべく、猶其上にて談判致すべく候」と諭すが、ハリスは極端に走る。

「旅行の廉は都《すべ》て相除き申すべく候」。

いっそのこと、「旅行」の文字は条約から省いたほうがよいというのである。

それでは、日本人はアメリカ人は旅行しないと思い、アメリカ人は「苦しからざる儀」自由に旅行できると思い「弥《いよいよ》混雑出来」という事態になると二人は反対する。

話はまたもとに戻って、「今日より二十四日前」逢った折には、公使総領事は旅行を許され、領事は

「公務の外」は相成らずということではなかったかと、ハリスは粘る。

公使総領事は「身柄のもの」つまり一国を代表するものであるから、旅行の節はその先々に「政府より達し置き取扱候積り」だが、一般領事等が「随意に旅行致し候次第は聞置き難い」と、そのときも話しておいたはずだと、二人は繰り返し、堂々めぐりの末、

「コンシュル等に及ぼし候儀は迚も出来難き事にこれ有之候」。

こう最終的に断われ、ハリスは、それではおっしゃるとおり、「ゲープロマチーキ・アゲント、コンシュル・ゼネラールは故障無く日本の或る部を旅行」と訂正しようと折れるが、それに追討をかけるように、

「政府へ届の上旅行を致すべく候」。

と釘を差す二人に、公使総領事が旅行するとき「外国事務宰相」へ届けるのは「万国の法」であるから、つまり今日の国際法の認めるところであるから、「夫迄約書に認《したた》め戴候儀は何分御見合せ下さるべく候」とハリスの言葉に二人はうなづいて、この日の会談はお開きとなった。

おそらくできない相談と知りつつ、国内旅行権の問題を蒸し返したハリスの執念というか目的は何か。いうだけは徹底的にいった、それは記録に残されている。外交官としての務めは全うしたという自信、というよりはワシントンに対するゼスチュアではなかったか。

正月十日、第十二回対話書「遊歩規定、江戸大坂開市期限等の件」。

「始めは処女の如く終わりは脱兎の如し」という古い諺があるが、ハリスの言動にはしばしばそれ

が逆に出る。先手を取るというか、談判の始まりにガツンとやる。この日も冒頭次のように始まる。

「此程条約書中文言改換の儀、夫々御談御座候得共、御沙汰通り改め候ては、義理暗く相成り、殊に戦争の大なる戸を開き候廉も出来いたし候」。

これまで条約文の「文言」を一字一句細かく改めることがあったが、「御沙汰通り」つまり二人のいうとおり改めていては、「義理暗く」意思疎通を欠いて「戦争」に及びかねない。

前回ハリスが、こんな条約文では大統領に足蹴にされると嘆いた流れを継いでの脅しである。

「御談済の儀を再々御動かし相成候ては、際限もこれ無く、迚も条約は整い申さず候」。

一旦決ったことを再々訂正していてはきりのないことで、いつまでたっても条約は「治定」できない。

このようにハリスが切り出したのには伏線がある。外国人の遊歩規定の緩和、つまり江戸、大坂、あるいは長崎、箱館、下田以来制限されている外国人の遊歩範囲は狭すぎる、もっと広げてもいいのではないか、というのである。

ハリスの草案第七条には、一年という期限を境に、それ以上日本に滞在した者とそれに満たない者とに分け、前者、とくに「行状宜しき者」は全国自由に旅行できるとあったのを、今回「十里」以内と制限したのはまったく私の苦心の作で、これも「江戸大坂御開済」に対する謝意といってよいのだ。

それまでの制限距離五里、七里を超えて十里まで拡げた「苦心」をハリスは訴える。本心は中国同様自由に旅行できることにあるが、岩瀬は断固として認めない。

「私儀、四五年前支那国を凡そ百里も旅行いたし候得共、更に異議等これ無く候」といっても、岩瀬は前言を繰り返すのみである。

「十里と申立候訳柄、格別勘弁を尽し候儀得と御勘考下さるべく候」。

こういわれてハリスは地図を持ち出し、方十里とは具体的にどの範囲を示すのか、金川、大坂についてただす。それぞれが江戸、京都にかかるが、前者は六郷川、後者は猪名川という自然の境界による。それは「里数の儀は、当方於いては道程を以て極メ候より外、目当これ無く候」という理由による。

江戸の場合は日本橋という起点があり、これを中心として十里の円を描けば、その範囲は自動的、機械的に決まる。大坂の場合も中心街に起点を決めれば、同様に決めることができるが、このやり方では京都はその範囲内となる。また堺を開港した場合、大和の御陵もかかることになる。

「京都近傍へ近寄申さず儀も能々相心得申し候」とハリスがいえば、だから「出格の訳を以て、兵庫を開き候事にこれ有り候」と岩瀬は応じ、現実の問題として、水夫には猪名川を越えさせないが、逗留商人にはそれを認めるという。ハリスにはそのとおり条約文に明記すると約束する。

「私儀是迄虚妄の言を発し候儀これ無き段は、信濃守様能く承知に御座候、此後とても右様の儀致すべき理はこれ無く候」。

一度いったことは必ず守ると、井上を引合いに出してハリスがここで強調したのは、半年前、出府が許されれば大統領の国書を井上に見せると一旦約束しながら、それを守らなかったことに、ハリスは負い目を感じていたからと、私は推測する。

親友の「信濃守様」にはとかく頭が上がらないのである。ずいぶんふてぶてしいハリスにも純情な一面のあること、このあとにもいくつか例あるのである。

そこまでハリスがいう以上、その言には「聊か相違はこれ有るまじく、其儘据置くべく候」として、最終的に左のように決まった。

「一千八百六十二年第一月第一日より江戸町に、一千八百六十三年第一月第一日より大坂町に、亜米利加人唯商売をするものにのみ逗留すべし」。

前述のとおり、大坂開港を横浜の三年半後とした岩瀬の作戦がここで再確認されたこと、ここで指摘しておきたい。

正月十二日、第十三回対話書「関税、兵庫港遊歩規定並に假条約調印の件」。

この日の主題は「関税」、それも輸出税についてであった。

ハリスはいつもの調子で、いきなり日本側の案を批判する。今朝それを見たが、よく読んでみると「御国政府并諸産物の損害を醸」すおそれがある。だいたい、どこにでもあるありふれた物は安く、一、二か国に限られたものは貴《たか》い。日本以外には産出しないものは「過分の租税」を払っても外国人は買うだろうが、そうでないものに「多分の税」を課せば誰も「承允」しない。

具体的に例を挙げれば、茶、漆器、棹銅は外国人の「望む」ものであるが、茶の場合、今のままではその好みに合わないから、「西洋風の製法」を覚える必要がある。つまり紅茶をつくれということであろうか。

こういう品に「出港税は元来宜しからざるものに御座候」というのが彼の持論である。

今世界で「商売の功者」と称せられるのは亜米利加、英吉利の両国だが、「何れも近来出港税を廃」している。日本の案（原文はない）を見ると、日本の産物は輸出の場合その八十から九十パーセントは、「壱割弐分五厘」すなわち十二・五パーセントの税を払うことになっているが、こういう話は「是迄終に承」わったことはない。

「輸出税」という辞は当時なく「出港税」と称しているが、とにかく先進の英米にならって、日本は初めからそんなものは取らないほうがよい、というのがハリスの考えであった。

日本の案をつくった岩瀬の考えは別で、いったい幕府の開港策によって、外国と商売の途が開け、輸出輸入いずれの商品によっても商人は利益を受けるのであるから、その恩恵にむくいる意味で、輸出税は払うのが当然である。

こうして二人の間に論争があったが、暮のときのようなトゲトゲしいものはなかったろう。両者歩み寄って五パーセントに落着いた。

「一体の御取立これ無き方宜しく候え共、御趣意の儀に付、何品に寄らず荷持として積出し候節は、五分の税を相払う様治定仕るべく、其の余は如何様御座候共、取計申し難く候」。

と結論するハリスに対して、日本側は「兼ねて御存知の通り、当方に於いて不馴の事故、先ず税法は三ヶ年にて改候積り、右年限中得と相試し、弥《いよいよ》出港税不便に候わば廃し候様致すべく候」と、いつでもハリスの顔は立てようという態度である。

ハリスも気分よく、いや三年といわず実状に合わないということがわかれば、六か月以内でも私にそのことをいってくれれば何とでもしようという。

最後に「運上方払い方は、都《すべ》て貨幣にて納め候様存じ候」と二人がいえば、「承知仕り候」とハリスが答えて、税法は終る。

このあと遊歩規定の一部修正があって、ハリスの「最早右にて御談判申上廉も御座無く候間、明日より下書取調い、出来次第御覧に入れ、別段思召もこれ無く候わば、速やか浄書に取掛るべく候」の言葉に「承知致し候」と二人が答え、正月を挟んで二か月、十三回の談判が終わった。

さて、老中首座の上京に、老中松平忠固《ただかた》はじめ反対意見があったのは当然といえば当然である。幕府の威権にかかわる問題だからだ。

だいたい、二年前の和親条約調印のときは事後報告で済ませたのではないか。このとき阿部はペリーとの交渉にも参加した下田奉行都築《つづき》峯重を、調印後の三月五日京都禁裏付とし、九月正式に朝廷に経緯を報告させた。そして十二月二十七日、関白九条政通より伝奏を経て勅旨が正式に伝えられた。

魯西亜、英吉利、亜米利加の条約書を叡覧に供したるに幕府従来の処理振殊に叡感あらせられ、宸襟を安んじたまう。老中の苦心、主職の尽力深く宸察あらせらる。（「外交関係文書」之十）

その主職の一人都築は依然として同職にあり京都にいるのに、余計なことをする必要はないというのが、反対派の論拠であった。

ちょっと話が先走るが、正月二十一日、堀田が出発する直前に、その上京を批判する十一通の意見書があり、「外国の事を処理するのに朝廷の許可を得る例をきかず、もし許可が得られない場合如何するか」とあった。堀田はこれを見て、この言葉には理あり、しかし今日の情勢となっては如何とも致し方ないとひそかに嘆息したという（檀谷健蔵『堀田正睦と日米修好通商条約』）。

幕政のトップにあって外交の責任者である自分が、京都まで足を運んで通商条約を締結せざるを得ない事情を懇切に説明すれば、天皇以下朝廷の人々もわかってくれるだろう。今や日本の将来を考えれば、朝廷とその委任を受けて政治外交の衝にあたる幕府とが一体となって、領土的野心に燃える帝国主義列強に対処しなければならない危機である。

当時「帝国主義」という辞はなかったが、強大国が弱小国を侵略することが当然と考えられていた時代であった。アロー号事件を奇貨として広東を焼打したパークスとボウリングは、イギリスにとって功労者であり、政府はこの機会に中国全土をその市場とするため、陸海軍を動員して首都北京に迫りつつあった。

条約とは国とは国との約束であり、一旦結ばれた以上、如何に帝国主義の時代とはいえ、一方的に破られるものではない。ハリスのいうとおり、戦って破れたあとの条約を考えれば、今アメリカと平和的条約を結ぶことが日本にとって最高の選択であり、それが幕府政権の安定と日本の繁栄につながるものであれば、手段を択ばず最善を尽くさねばならない。

ざっと以上が江戸を発つときの堀田の心境ではなかったか。

第十二章　条約勅許の失敗と将軍継嗣問題

日米修好通商条約交渉が実質的討議に入った安政四年（一八五七）十二月十一日、儒役林煒《あきら》と目付津田半三郎が、江戸をたった。交渉の具体的経過は何も知らずに何を話すつもりなのか。二人は二十六日入京し、二十九日伝奏広橋光成、東坊城聡長《ときなが》に逢い、一応「外交の近状を具陳し鎖国の旧制を改めん」とする幕府の意を伝えた。

『孝明天皇紀』（以下『天皇紀』とする）によれば、この前日二人は京都所司代本多美濃守を訪ね「亜米利加使節差出し候書付和解一冊、十二月四日同上一冊、十一月七日同応接和解一冊、以上三冊相添え、昨夜所司代差越し、今日両公内覧の上議奏に附す」手続きをとった。

「両公内覧」とある関白九条尚忠《ひさただ》と太閤（前関白）鷹司政通は、当時の朝廷にあって最高の政治権力を握っていた。

二人への言上をまとめた「書取」は太閤に上げられ、翌安政五年正月十二日、太閤はそれを御前に上げるよう命じた。つまり天皇は堀田一行が東海道を上っているうちに、堀田たちの開国策を十分知っていたのであった。そして、十七日、宸翰を九条関白に賜わった。

過日御入来段々熟談に及び忝けなく存じ候。且又其後段々に愚存廻り候処、実に異件天下の一大事、誠に心配の至りに候。尤も尊公も御配慮在らせられ候事と御察申入候の箇条鳥渡《ちよつと》申入候間、何卒御配慮御取計頼入り候事に候。然らば御覧の上次第、理の当たらざる御見分御申渡と存じ候。

(『天皇紀』)

この前文で天皇が「異件天下の一大事」と書かれたのは、旧臘十二月二日、堀田が明らかにした三か条、外国公使の江戸駐在、通商開始、下田奉行所の移転のことで、とくに前二条は天皇として絶対に認め難いことがだんだんはっきりしてくる。

本文に入って「実に今度の儀は天下の大事故、皆々覆蔵無く申出」よといっても、尊公(関白九条)は太閤に対していいたいこともいえないらしいが、そのあたりはよく含んで「一層遠慮なく申出」るように計らえ、さらに「備中守今度上京候ドウカ献物の事過日尊公御噂候。右に付先頃も申入候通、実に右献物如何程大金に候共其ニ眼クラし候ては天下の災害の基と存じ候」と、堀田が賄賂として大金を公卿の間にばら撒くのではないか、と警戒している。

次に「今度の儀天下の一大事に候て大心配致し候」と三度繰り返したあと、「三公両役存意尋ねに相成候えども同じくは現任の人々其他心有る人」の意見も聴き、「三家始め大小名へ存意尋ね出し候えば、又々列侯諸国主の存じの程も宜しかるべきや」とつづく。

三公(左大臣近衛忠熙《ただひろ》、右大臣鷹司輔熙《すけひろ》、内大臣三条実万《さねつむ》)、両役(関白鷹司政通、九条尚忠)はじめ、現役の廷臣はもちろん、有力な大名たちの意見も聞けというのは、幕府を無視した誠に過激な政治的意見であり、それが天皇の口から出たとすれば由々しきことで、しかも左の結びの言葉が天皇の本心なのである。

日本国中不服ニテハ実ニ大騒動ニ相成候間、夷人願通リニ相成候テハ天下の一大事の上、私の代ヨリ加様の儀ニ相成候テハ後々迄の恥の恥ニ候半《わん》や。（『天皇紀』）

と天皇は思い詰め、伊勢神宮や代々の天皇たちに申しわけなく、「私一身置く処無きに至」ると嘆き、末尾に重要な注意を与える。

但太閤へハ未だ一言モ此書付の儀ハ申さず候。此節所労ニテ却テ困ト差扣え候。先執政の御事尊公へ内々愚存申入候間御勘考申渡偏ニ希《ねがい》入候事。

正月十七日牛（丑）半刻認　　此花

（『天皇紀』）

「此花」とは天皇のペンネームである。

夷人の望むとおりにさせれば「日本国中不服」で「大騒動」になる、そうなっては「天下の一大事」と何遍も天皇は繰り返すが、このことは太閤鷹司政通には絶対秘密だと最後に念を押す。当事朝廷の政治に関する最高責任者「内覧」の職にあるのは政通と、この書の宛先九条尚忠の二人であったから、天皇がその一人に本心を明かし、他に秘すということは、原則としてあってはならないことである。

天皇がこれを承知で政通を排除しようとしたのは、次の二つの理由によると思われる。

第一に政通は老練な常識家で視野も広く、一般に固陋と見られる京都公卿の間では傑出した存在であった。三年前ペリーが来たとき、そのもたらした大統領の親書を見て、「ごく当たり前のことを言っている。その願いに応じてもよいのではないか」と、口外した人物でもある。

攘夷を正面から叫ぶ天皇にとっては邪魔者、政敵といってもよい。

第二に、政通は天皇にとって親のような存在なのである。天保二年（一八三一）誕生の四年前すでに関白の座にあったから、天皇二十七歳の今日まで、平たくいえば、まったく頭の上がらぬ存在であった。

「予一言ニ太閤多言ニテ申切ニ成り候ワント、其段深く心配候」と、この一週間あと二十五日付の御書の中で「太閤へハ勿論武伝（武者伝奏）へも御漏これ無き様」と繰り返している。

この二つの関白宛宸翰の日付は、正月十七日と二十五日、堀田一行の出発前と旅中の時期にあたる。幕府の老中首座がノコノコ勅許を求めて上京すると聞いて、天皇は名目上だけでなく事実上日本国の君主となるべきは今がチャンスと決意したのではないか。

このような天皇の心中とは夢にも思わず、堀田は川路、岩瀬のほか、奥佑筆組頭原弥十郎、両番格奥佑筆立田録助、勘定組頭高橋平作、徒目付《かち》平山謙次郎らの有司を伴い万全を期した。中でも高橋、平山は、昨秋長崎において岩瀬のもとでオランダ、ロシアとの交渉にあたった経験を持つ。

さらに堀田は佐倉藩中から、のちに藩の中心となる平野重久や明治新政府の教育制度を樹てた西村茂樹はじめ数人の若手俊秀を伴ったが、結局高橋らは岩瀬らを補助する機会はまったくなく、平野らも京都公卿を見て失望はあっても直接役立つ知見は皆無であったろう。

堀田はこの上京の際、幕府から巨額の費用を受けたほかに、将軍家定より別に二千両を賜わっていて、それを西村らの実地教育費用に宛てたのだろうか。いずれにしても堀田らしい供ぞろいで、勅許は当然として京都見学の機を幕府の中堅や自藩の若手に与えたのではないか。ノンキといえばノンキ、こんな気分で堀田は上京したのであった。

こうして天皇はじめ諸卿への献上土産の品々を運ぶ人数や車馬も含む大行列が京都に着くのは、翌二月五日である。参殿して天皇に謁するのは十一日、そのあと、開国の方針を説明してその勅許を得るという段取りであったのが、大きく狂う。


その経過を述べる前に、ここで将軍継嗣をめぐる動きを遡って述べたい。

それは条約勅許とからみ合って大問題となり、堀田を身動きできない局面に追い込むことになる。

前年の十月十六日、松平慶永《よしなが》が蜂須賀斉裕《なりひろ》と連名で、将軍家定に嗣子のないことから、養嗣を建てるよう公式に上申し、堀田にも逢って話したこと前述した。

その後、慶永は熱心にこの運動をつづけて幕臣の有力者にも働きかけ、例えば大目付土岐頼旨《よりむね》、勘定奉行川路聖謨《としあきら》、西の丸留守居水野忠徳らを同志に引き入れた。いずれも幕府内の長老格であるが、さらにこの年の正月早々、一橋慶喜が父斉昭の過ちを知って、右の土岐、川路のほか井上、岩瀬、永井を自邸に招いて無礼を詫びたことから、五人は感激して自他ともに建儲派と認められるようになった。幕府内の長老に壮年の開明派が加わったので、これが慶永を勇気づけたことは疑いない。

彼は堀田が上京するこの機会に、天皇からも一橋慶喜を継嗣とするを可とする内勅を引き出そうと、その出発前に幕府としてそれを内定するよう働きかけた。

正月七日、その件で土岐、川路、岩瀬と逢ったあと、九日、堀田のほか老中松平忠固《ただかた》、久世《くぜ》広周《ひろちか》にもそれを願い、別に書面もしたため、十二日、堀田を訪ね密談するといった調子で、上京ギリギリまで多忙の堀田に付きまとい、迫った。

前年の十月、慶永が慶喜建儲のことをおおっぴらにいい出したときから、堀田はそれは将軍家のこと、家定が決めることであって、臣下の我々がとかくいうことではないと、慶永の運動に対しては冷淡といってもよい態度であった。老中首座という立場からも、軽々しい言動は慎まなければならなかったろう。

それなのに、同じく口を出すべき立場にない島津斉彬《なりあきら》までが堂々と、さらに彼の最も頼みとする岩瀬ら開明派までが慶喜を推すことを知って、慶永の主張に心を動かされるようになったことは疑いない。

こうして本来の上京目的である条約勅許に加えて将軍継嗣についての内勅を得ることが、いつのまにか堀田の肩にかかってきた。二つとも本来ならば、あるいは平時であれば、幕府内で決めてよいこと、とくに天皇の勅許を要しないことなのである。

このとき、すべてを承知の上で自ら上京を決めた堀田の心中については、ここでは繰り返さないが、その前後江戸では慶喜を推す動きがさらに活発となった。

斉彬はすでに西郷吉之助（のち隆盛）に上京を命じ、家定夫人篤子と連絡をとり、大奥内に運動を始めていた。慶永も若き俊才橋本佐内に上府を命じ、西郷と会わせ、さらに二十七日京都へ出発させた。土佐藩主山内豊信《とよしげ》と謀り、同家と姻戚関係にある三条家の当主実万に働きかけさせる目的であった。

斉彬の島津家も近衛家と姻戚関係にあり、将軍継嗣の運動は家門譜代から幕外の外様大名の有力者、島津、山内、それに宇和島藩主伊達宗城《むねき》等にまで拡がった。個人的にも秀れた右のような藩主たちが、慶喜、慶喜と、その擁立に熱中したのは、内憂外患の時局を憂えてのことであるが、やはり慶喜個人に対する期待が並々でなかったからであろう。数え二十三歳の青年刑部《ぎょうぶ》卿《きょう》は、まさに天空に光り輝く存在で、誰の眼にもまぶしい限りであった。

話を二月五日京都に入り、本能寺を宿所とした堀田の動きに戻す。

九日、堀田は参内謁見を仰せ付けられ小御所において天盃を賜わる。当日の献上品は左のとおりである。

禁裏へ公方様より金色絵鳳凰御香炉一、御伽羅《きゃら》一木、黄金五十枚。御台《みだい》様より大紋倫子《りんず》三拾反。准《じゅ》后《ごう》へ羽二重二拾疋、御台様より色倫子十反。

九条関白殿へ白銀百枚、巻物十。鷹司太閤殿へ同断。

両伝奏へ白銀五十枚、勾当内侍《こうとうないし》へ白銀三拾枚。（以上『天皇紀』）

十一日、伝奏大納言広橋光成、大納言東坊城聡長、議奏万里小路《までのこうじ》正房、久我建通が本能寺を訪ねた。堀田は川路、岩瀬とともに逢って、世界の形勢通商開国のやむを得ない理由を詳しく説いた。

その前に堀田は関白九条尚忠に逢って自分の使命を述べた。ハリスとの対談書八冊、条約草案、演説書二通は本能寺で両伝奏に渡してあった。

十三日、両伝奏と議奏万里小路が本能寺を訪れ、外交事情について質疑応答が行われた。

ここまで堀田以下川路や岩瀬は専ら伝奏議奏を経て所信を述べていて、朝臣では関白九条に堀田が逢っただけである。他の前関白鷹司政通、左大臣近衛忠熙、内大臣三条実万ら有力者たちに、直接岩瀬から世界の大勢を説明させたほうが話が早いと思われるが、ここで川路、岩瀬の身分が問題となった。二人の従五位諸大夫の身分では参殿が許されず、従って直接説明の機会が与えられなかったのである。

参殿の資格は四位以上に限られていて、水野忠徳はのちに岩瀬を形式的に四品《しほん》の高家の養嗣にしておけばよかったといったと伝えられているが、堀田たちはそこまで気がまわらなかったか、その隙がなかったからか、いずれにしても行けば必ず勅許を頂けると楽観していた、彼らの重大な誤算であった。

伝奏たちには、岩瀬から三時間近く懇切に説明し、彼らも納得して帰った様子であったが、朝廷からの返事は二十三日までなかった。

この十日間、堀田たちが無為に待たされている間、朝廷では賛否いろいろ議論があったが、孝明天皇は前述のとおり徹底して反対であり、賛成派と見られる政通について、左のような密勅を十六日右大臣近衛忠煕に賜わった。

（前略）太閤（政通）右府（鷹司輔煕）の処、何共見込違イノ様子内々承り其上武伝（武家伝奏の略、広橋、東坊城を指す）も、チト堀田申し条にカタブキ掛り候様聞キ候ワンテモ之無ク、誠ニ誠ニ心配仕り候。此節ニハ関白（九条）大分気張リ居りし候由、先々其レが頼ミニ之有候。何卒関白ノ心得違イ之無キ様ト其ノ存ジ候事。尤（最）も気張ルベキ職分ガ心得違イノ虚端ナ返答振ニ成リ候テハ、実々ニ大事ニ候。諸大名以下人々ハ叡慮次第ト申シ、皆ドウカ私ヲ当テニ目指シ候様子ニモ承リ候得共、私モ兼（予）ネテ御承知之通リ、愚昧短才之質、中々量見ハ少シモ之無ク候。（『天皇紀』）

こう謙遜して、天皇は近衛に親身にアドバイスしてくれと、綿々と訴える。露骨にいえば、太閤は信用できないから、九条関白とともに味方になってくれ、というのである。

今度の議ハ誠ニ誠ニ一重大事、他事ト替リ少シモ見込ハヅレ候テハ、後世ニ至リ天下ノ禍ト実々心配仕リ候。其上関白へ申聞エズ、太閤辺計リニテ済シ候事モドウカ、内々乍ラ武伝方ニ之アル由。（『天皇紀』）

天皇の「見込」とはズバリ「攘夷」のことで、自分の代になって夷人に皇土を自由に踏ませては皇祖に対して申しわけないという想いである。そう自分が心配しているのに、伝奏の東坊城あたりが太閤と通じて、知らぬところで開国に動いているようだと天皇は疑う。

仍《さ》て鳥渡《ちょっと》お尋ネ申試シ候ハ、御親族之武辺之見込沙汰ハ以テ何様成ル儀ニ候ヤ、実々只今之処ニテ堀田申ス通リ戦争ハ致シ難キヤ、又ハ随分好ミ候模様ニ候哉、鳥渡御尋申入候事。

昨日モ武伝ヨリ披露候テ亜米利加幹約条条和文下案二冊。

右ハ条約トウカ治定之様ニテ、中々私所存相談シテハ之無キ様子ニ候。此中ニハ大分之事モ之有リ候。此余実々六ケ敷《むずかしき》に成り扨々困り候。（『天皇紀』）

近衛家は島津家と姻戚関係にあること前述した。「親族ノ武辺」とはそのことで、堀田は「戦争ハ致シ難シ」と「戦争」という辞がここに出て来る。それが致し難いとは、日本は戦っても勝つ見込みがないと堀田がいっているのか、あるいはアメリカには戦意はないといっているのか、ちょっとわからない。

つづいて「随分好ミ候模様」とある。これは当時北京を目指し進撃中の英仏軍と同様、アメリカも黒船で日本を狙っているのではないか。当時の状況では天皇が深刻に「心配」するのは無理もない。たびたび出てくる「一重大事」が現実に迫っていると実感しているのであった。

そして最後にもう一度太閤のこと念を押す。

他事ハ扨置キ此一件ハ必々鷹司一家之沙汰ニハ御ナヅミ之無キ様ト存ジ候。何卒願ワクバ尊公モ私共味方ニ御成遊バサレ候ワバ、厚恩申尽シ難ク畏ミ入リ候事。呉々モ御ジョサイハアラセラレラレズ乍ラ、御キハリ（気張）御配慮希イ入リ候事。

二月十六日午半刻認　　此花

左大臣様

（『天皇紀』）

『孝明天皇紀』には、つづいて関白宛二十日付の宸翰が載せられている。

その主旨は、自分が太閤と会うときは必ず同席して欲しいということで、そのわけは、「太閤ト差向応対ニ成候テハ私中々存念ノ程一寸モ申サレズ、万一申候共中々是迄之工合《ぐあい》ニテハ申条立タズ」、心にもないことを口走るかもしれないからである。そして最後は「且太閤尊公へ何様申シ候共決シテ御ナヅミ之無ク御応接希イ入リ候」と結ぶ。

このあと天皇は徹底して「攘夷」を貫くのであるが、これだけの気性の方が何故政通の前に出ると、蛇に睨まれた蛙のようになるのか。

繰り返すが、それは天皇誕生のときからこの安政五年まで十七年間、政通が関白として朝廷の実力者であったからで、その意に逆らって攘夷を主張し幕府の願を退けるためには、一人でも多く有力な味方が必要だったのである。

去る十一日、川路、岩瀬が伝奏たちに詳しく開国通商のことを説いたあと、その調印の是非をめぐって朝廷では議論がつづいた。右の近衛宛宸翰はその間の事情を裏書している。

おおざっぱにいって、尚忠、政通の両内覧、伝奏東坊城らは調印認めるべしであったが、反対も強く容易に決せず、天皇は中途退座されるというありさまだった。決定権はそれまでの例によれば両内覧にあったが、それは朝廷内、あるいは国内の問題に限られていて、外国のことに関しては二人だけでは決めかねた。とくに天皇の反対が明らかになればなるほど、朝議がそのほうに傾いたと思われる。

二週間近く堀田たちは待たされたあげく、二十三日、広橋、東坊城両伝奏と久我、徳大寺議奏が本能寺を訪れた。アメリカとの条約調印は、国家の安危、人心の帰嚮に関する大事であるから、さらに徳川三家以下の諸侯に徴した上勅裁、という朝議の結論を伝えた。

二十五日、両伝奏と議奏万里小路、同裏松恭光《ゆきみつ》の四人が堀田らを訪ね、近畿における開港、京都の警衛、貿易のもたらす患害、の三点について疑問をただした。堀田の答弁は左のとおりである。

右は応接筆記中にも粗《あらあら》認め御座候通り、反復弁論を尽し相成る丈け取締め致させ談判候えども、諸外夷人共素《もと》京、大坂江戸の大都会深く見込、眼目に致し願立候儀にて、古来泉州堺外国人渡来交易仕り京地南蛮寺にこれ有り候趣は伝え聞居り、何分承引仕らず候得ども、種々手段を尽し追々談判の上、京師十里四方の地へはアメリカ人立ち入らざる筈に掟と取極候。其代わり兵庫を開き且山城国の方南尼ケ崎領内猪名川を限り、立越えざる候様漸く承伏候儀に付、只今兵庫相除き候様申し談じ方御座無く候。右の場合まで押付候儀は容易の事にこれ無き候段は、深く御恕察在らせられ度事に御座候。(『嘉永明治年間録』)

井上、岩瀬がハリスとの交渉で京都開市は絶対不可としたこと前に述べた。その代わり兵庫を開くが、その場合も猪名川を境として京都側へ立ち入ることを厳禁したのであって、今になって兵庫開港をノーとはいえない。

ただし、天皇のおられる禁裏は、諸侯に「聢《しか》と」厳重に警衛させる。今は外国と和親交易して国家の富強を図るべきだ、と持論を繰り返した。その論旨は四人もわからないでもないが、みな押し黙っていたとき、儀奏万里小路が天皇の悩む様子を述べ苦しい心中を打ち明けた。それを堀田は二十三日付幕閣宛て次のように書いている。

近来主上(天皇)の御様子、実は異人一条等深く御配慮にて御寝食をも案じられ兼ね候程の御事にこれ有る由、右に付いては何とか宸襟を安んじ奉る様、御取計の儀ひたすら相頼み申し度、尤も色々議奏衆より奏聞これ有る由ながら何分御案事遊ばされ何共恐入り候御様子の趣、万里小路抔《など》は落涙申聞(中略)只々日々の御心配を何とか致し御案じ申上度、理屈も何も捨て其所計り深く折入り御頼み申す趣、議奏衆も精々申され候事に御座候。別に理屈にても申出候事候わば何にか論破も致すべき心組に候えども、前文の通り理屈も何も差置き只々ひたすら落涙相頼みし(『文明公御事蹟・文明公記』)

堀田が、ただ泣くばかりの万里小路を前にして当惑し、困り切っている様子が眼に見えるようである。万里小路は、伝奏衆は外部との交渉が主で、日頃主上の近くにはいないから、その悩みがどれほどのものかわかっていない。それは近くに仕える私たち議奏が一番よく知っているのだと、涙ながらに繰り返したという。

それでは具体的にどうするか、万里小路たちの意見は次のとおりで、堀田はそれに従うことにした。堀田の手紙はつづく。

夫は兎も角何れにも関東を経候廉にてもこれ無くては、宸襟を悩まされ候儀を無理に押付候様相成候ては宜しからず候間、打明申聞けられ候趣にて、右の次第故彼是無理に申し談じ候ては却って後の為にも相成るまじく、且は無益に手間どれ其果て矢張り其表へ相廻し候様相成候ては、益々不都合を重ね候儀に付き、取敢えず大急便にて申進め候。相成るべくは即刻思召し御伺いの上、凡そ別紙の振合いに御書面出候わば、勅答も速やかに出候御都合の御模様とも薄々これ有り、無事に相済申すべし。官吏出府も差掛り甚だ不都合ながら外ならぬ次第、致し方これ無き儀にこれ有り候。(『文明公御事蹟・文明公記』)

この部分の冒頭にある「関東」とは将軍のことで、家定の名で幕府から書面で勅許を賜りたいと願うことを堀田は提案し、この日の四人との会談を終った。末尾の「官吏」とはハリスのことで、下田に帰っていた彼は三月五日上府することになっていた。それまでに勅許は下りるものと出発前堀田以下楽観していたのであった。

堀田は心中の焦りを抑えて、ここで四人を相手に押問答しても埒はあかないと、将軍の「思召」を伺った上での勅許の願を出すよう「大急便」で江戸に伝えた。

堀田の留守を預かる老中松平伊賀守(忠固)、久世大和守(広周)、脇坂中務大輔(安宅《やすおり》)連名の三

月一日付返事には、堀田の意を、

即ち言上に及び候処、叡慮の趣御尤もの御事に思召され候得共、人心の居合の儀は、如何様とも関東にて御引受遊ばされ候間、叡慮を安んじさせられ候様遊ばされ度旨仰出され候間、此段伝奏衆へ早々に通達あるべく候。(『文明公御事蹟・文明公記』)

とあり、三月五日、堀田は伝奏を通じてこの将軍の意を伝え、一日も早い勅許を願った。

その勅答案は八日でき上がり、九日朝議に付されたが、左大臣近衛忠煕、内大臣三条実万は病気と称して出席せず流れた。

伝奏東坊城立案による勅答案の全文は略すが、その中で「此上は関東に於いて、御勘考あるべく様、御頼み仰進めらる事」とあり、関東の意向に委ねるともとれる内容で、これがはからずも問題となった。

三月十二日、右の文言を取り消せという上奏文が赤心連名十七人から提出され、その数は八十八名に増えた。

その署名者の筆頭に忠能(中山)があり、実愛《さねなる》(三条)、重徳(大原)、具視(岩倉)、公知《きんとも》(姉小路)、宣嘉《のぶよし》(沢)ら、その後の京都政局の中心となる人々の名が見られる。

八十八名の堂上の中には、禁中に馳せ参じ、前の勅答の立案者東坊城を国賊とし、打ち殺せと叫ぶ者もあり、東坊城は十七日辞職する。

最終の勅答案は三条実万に命じられ、その家臣世古格太郎、池内大学の手による草案が十九日成り、二十日朝議にかけられ、左のように決定した。

墨夷の事、神州の大患国家の安危に係わり誠に容易ならず、神宮を始め奉り御代々へ対せられ恐れ多く思召めされ候。東照宮以来の良法を変革の儀は挙国人心の帰向にも拘わり、永世安全計り難く深く叡慮を悩まされ候。（『文明公御事蹟・文明公記』）

冒頭アメリカを指して「墨夷」という。

墨はアメリカの略、夷は南蛮、西戎《せいじゅう》、北狄《ほくてき》と並ぶ東夷《とうい》、東の程度の低い民族としての意で、アメリカを軽蔑した略称である。神国日本から見れば外国はすべて夷《えびす》である。

その墨夷と通商条約を結ぶことは「人心の帰向」「永世安全」にかかわる大事というが、いわゆる鎖国は家光以降のことで、家康、秀忠の頃は外国人と親しく引見していた史実は無視されている。

往年下田開港の条約容易ならずの上、今度仮条約の趣にては御国威相立ち難く思召候。且諸臣群議にも今度の条々、殊に御国体に拘わり後難測り難き由言上候。猶三家並びに諸大名へも台命を下し、再応衆議の上言上有るべき旨仰せ出され候事。（『文明公御事蹟・文明公記』）

三年前の和親条約でさえ「容易ならず」と見て、いわんや今度の条約においてをや、という勢いで、天皇はもちろん「諸臣群議」も、「国体に拘わり後難測り難く」朝廷としては認め難い条約である。江戸へ帰って「御三家並びに諸大名」に将軍からもう一度相談させよ、と。平たくいえば顔を洗って出直して来いという挨拶で、しかもそのとき、この条約を認めるという保証はない。

堀田はこの朝議に対して再考を求めたが、朝廷よりの返事は、より攘夷をはっきり具体的に要求するものであった。

去る二十一日書取の趣言上に及び候処、今度の条約とても御許容在られず思召候。衆議中自然差縺れ候節は、先件の御趣意を含み精々取扱談判の上、彼より異変に及び候節は是非無く思召候。右叡慮の旨相立候間、宜敷御差含み御取扱いこれ有るべく候事。

一、永世安全叡慮を安ぜらるべき事。

一、国体に拘わらず後患これ無き方略の事。

一、下田条約の外御許容遊ばざる候節は自然異変に及び候儀計り難きに付防決禦の所置聞召され度候事。

右の条々衆議言上有るべく候、衆議言上の上叡慮極められ難き儀は、伊勢神宮へ神慮伺わされ候事。(『文明公御事蹟・文明公記』)

この三か条は、いってみれば朝廷が幕府に突き付けた最後通牒のようなものである。開国通商による日本の繁栄を期する幕府に対し、ひたすら攘夷を唱え、そのための「防禦の所置策」を具体的に示せという。「永世安全」も「後患これ無き方略」も、このときまさに北京に迫りつつある英仏軍が、万一「談判差縺れて」、「彼より異変に及」ぶようなことがあっても、それを防ぐ軍事力は今日本すなわち幕府にはない。

それを知ってか知らずしてか、こうした朝議の決定には群臣の騒ぎの影響もあろうが、自分の代には夷狄に神州の地を踏ませないという天皇の強い意が動いたと見てよい。

最後の「伊勢神宮の神慮」は、敗戦までの日本人の神頼みの源となる、もはや理性の外の世界である。堀田は心中呆れ果てたと思われるが、この日、岩瀬を江戸に帰すことを老中に知らせた。

当地御用向長引候議呉々恐入候得ども、何分六箇敷《むずかしく》未だ一向万国形勢等も御分り相成らず候儀にて、討論かいもこれ無く度々行向これ有り候えども、模《つもり》通り兼ね問答も詰まり其席限の様相成り、これに加え堂上方其外数人立騒ぎ候に、両伝奏とも殆ど当惑の様子にこれ有り何分埒明き申さず、此上幾度説破いたし候とも、迚《とて》も会得はこれ有る間敷儀、委細は肥後守（岩瀬）より御聞き下さるべく候。

東坊城退役、同日都築駿河守大病、折悪しき時分彼是浮説もこれ有りや相聞え候。扨々不都合の事共にて困苦仕り候。（『文明公御事蹟・文明公記』）

堀田の苦渋、絶望の滲み出る書面である。伝奏と逢っても両者語るに言葉なく、無言で向き合っている様子が窺われる。「騒ぎ立て」る堂上方の攻撃目標となった東坊城が伝奏の職を免じられた日に、禁裏付都築《つづき》峯重が急死した。

彼は「下田条約」すなわち日米和親条約締結を、前々年の暮れ関白鷹司政通を経て、天皇に報告し、よくやったと天皇よりお褒めの言葉を賜わったこと前述した。彼の職掌は禁裏付であり、表向きはその保護警衛にあたるのが本務であるが、事実は人の出入りなど朝廷の監視役であった。従って今度の堀田の動きには直接関係なかったと思われるが、二年近く京にあって朝廷の内部事情にも通じていたと思われ、その死は自殺と噂され、「浮説」が広がったのも当然の成行きであった。何もかも「不都合の事共」ばかりであった。

二十七日、さらに老中に送った京よりの最後の書信には、まさに堀田の赤心が吐露されている。

扨、京地の模様過日申上候通り追々差縺れ何分穏やかならず、実に堂上方等正気の沙汰とは存じられず嘆息仕り候。此上は得と御談判、時勢至局の御所置御座無くては、容易ならざる儀にも相成るべきやと甚だ心配仕り候。(『文明公御事蹟・文明公記』)

定めて種々風説等御聞込み、その内には事実相違の儀もこれ有るべきやと存じ奉り候。右等の所岩瀬肥後守能々《よくよく》心得居候間、委細御尋問下され御疑惑なく早々御取調の程希い奉り候。余りに憂苦堪えず候間不敬の至りに候えども、赤心残らず申上候。(『文明公御事蹟・文明公記』)

文中「堂上方等正気の沙汰とは存じられず」の箇所は史書に多く引用され、堀田の苦衷をしのぶ言葉として知られる。

次の「時勢至当の御所置」とは、いうまでもなく、ハリスと井上岩瀬との間で妥結していた日米通商条約の調印である。ハリス自身、その後病を得て一時下田に退いた折、万一のことを考えて自分の署名は終えていて、あとは井上と岩瀬の署名あれば条約はいつでも成立するばかりになっていた。

四月三日、堀田は参内して小御所において天皇に帰府の挨拶をした。このときも神宮と京都の警備を厳重にするよう命ぜられ、紗綾十巻、十体、和歌手鑑一函を賜わった。

五日、丸二か月滞在した京都をたち大津駅に着いた折、家定のねぎらいの言葉が伝えられた。

備中守在京永々に相成り、其上此度の用向に付いては一通りならず心配骨折事と大儀に存じ候。弥々《いよいよ》替る事もないが随分厭い勤める様に申遣わせ。(『文明公御事蹟・文明公記』)

二十日、堀田一行は江戸に到着、翌日登営して家定に報告するが、その詳細はあとに譲り、先発または随行した有司たちの動静について一言しておきたい。

林大学頭、目付津田半三郎、川路聖謨、岩瀬忠震《ただなり》、それに同行した平山謙次郎らの有司や佐倉藩士平野重久、西村茂樹ら、このあと幕末から明治にかけて史上に足跡を残した人々は、往復三か月の京都行で何かを得たのであろうか。

林と津田は前年暮の二十九日、広橋、東坊城の両伝奏に挨拶したあと、一か月おいて正月二十九日、再び二人と逢っているが、とくに実のある話がこのとき両者の間で交わされた形跡はない。

その翌々日、二月朔日付岩瀬宛報告には、その席で、
両卿も大キニ打クツロギ内実は所々ヨリ異説申聞甚だ困り入候、関東ニテモ年寄衆困らるべしなど其外打明噂もこれ有り、伝奏衆丈ケの所者は御変革の御処置随分ト氷解され候御様子安堵仕り候。(『千葉県史料・近世篇』「正睦公外交関係文書」)

とあり、堀田が上京して説明すれば問題ないと二人は極めて楽観してその堀田を二日後に迎えたが、その期待は天皇によって無残に裏切られ、東坊城も朝廷から追われたこと既述のとおりである。

次に川路と岩瀬は、開国通商の必要を朝廷に説得するための人選であったが、従五位下の身分では昇殿を許されぬため、高位の実力公卿とは逢うこともできなかった。

川路は奈良奉行時代、中山忠能と親交あったので、堀田は彼に中山と逢うことを勧め、二月二十日、それは実現したが、実のある話はできなかった。そののち八十八人の筆頭に中山の名があるのを見ても、川路を伴ったことが無駄であったことがわかる
ここで当時の川路の心境動静について述べておきたい。

今度の条約については勅許を仰ぐべきだ、と幕府内で最初にいい出したのは川路であること前述した。その役目が自分に廻ってくることを予期したか否かそれはわからないが、正月に入って一度彼は京都行きを辞退した。暮に斉昭説得に失敗したからであるが、堀田は許さなかった。ただこの事実は

出発前彼がこの行に積極的な気分でなかったことを裏書している。

もう一つ、当時の彼の気分を表す事実がある。それは将軍継嗣について、初めはまったく関知しないという態度をとっていたのが、橋本左内の説得に負けて慶喜擁立に傾いたことである。

慶永がこの件で熱心に同志を獲ようとしたとき、大目付土岐頼旨《よりむね》、西の丸留守居水野忠徳につづいて川路にも左内を遣わして攻勢をかけた。彼は政治論としてそれを認めたわけではなく、二十歳を過ぎたばかり、自分の子供のような橋本の熱烈な雄弁に心を打たれ譲ったのであって、『昨夢紀事』にはその様子が詳しく記されている。

出発前城中でその主慶永と遭ったとき、「あなたはよい家臣をお持ち」だと語りかけ喜ばしている。幕臣として輝かしいキャリアを持つ彼も、このときすでに老いていたと私は思うのである。

次に岩瀬であるが、彼は二月十一日、伝奏、議奏を相手に得意の弁説を揮う機会を得ただけで、この京都行ではまったくその力を発揮するチャンスがなかった。これは堀田にとって誤算であったばかりでなく、当の岩瀬本人が最も苦しんだことである。

次の詩には当時の彼の心境がよく表れている。万里小路が泣いて天皇の心境を語ったころ、岩瀬は今度の使命は果たせないと覚ったのではないか。

客舎紀事

吐気何開眉上黄　　吐気《とき》何《いずく》にか眉上《びじょう》の黄《こう》を開《ひら》かん
深憂勒客欲煎腸　　深憂客《しんゆうきゃく》を勒《ろく》して腸《ちょう》を煮《に》んと欲《ほっ》す
耿々不寝対燈火　　耿々《こうこう》寝《い》ねず燈火《とうか》に対し

却恨春宵如許長　却《かえっ》て恨《うら》む春宵《しゅんしょう》許《かく》の如《ごと》く長《なが》きを

夜更けて寝れず、じっと灯心を見つめている姿が浮かぶ。

岩瀬は二百両という破格の支度金を頂きながら、在京二か月に近い時日を無念の思いで無為にすごしたのであった。

堀田は二千両を家定のお手許から賜わっていたが、その前に公費として五千両を幕府から受け取っていて、それらは三百人近いと思われる一行の旅費、滞在費に消えたのであろうか。

こうして堀田の京都行は完敗に終わった。

前章で詳述した条約勅許のため、堀田が安政五年（一八五八）正月上京した時点で、将軍家定は三十四歳の壮年であった。彼は黒船来航の直後、父家慶の死により第十三代将軍を継いで以来、阿部、堀田を信頼して内外の政局を任せ、大過なくその座を守ってきた。

その間二度妻を迎えたがいずれも亡くなり、ちょうど一年前に篤子を迎えたところであった。二人の間にはまだ嗣子なく、生まれる可能性も薄いと噂されていて、前年十月松平慶永《よしなが》が蜂須賀斉裕《なりひろ》と連名で一橋慶喜を継嗣に迎えることを幕府に訴えた。

この年の後半、ハリス上府が決まり、将軍に謁してアメリカとの新しい外交関係が生まれようとしていた。西方の隣国シナでは、アロー号事件のあと英仏軍が北京目指して北上中であった。香港総督ボウリングは北京攻略後、英仏軍は数十隻の艦隊とともに来日して、通商条約締結を迫ると公言していた。ハリスも下田に来る途上、香港で直接ボウリングからこのブラッフを聞かされていて、来日後これが「英夷」の実態だと自国に有利な材料として利用した。つまり、アメリカはイギリスのように武力をもって他国を侵すようなことはしない、と宣伝したのである。

事実、ボウリングの公言は、出先外交官の個人的宣伝であって、イギリス本国の外務省としては、中国の何十分の一のチッポケな島国日本に、莫大な費用をかけて「数十隻の艦隊」を送るなど論外のことであった。

しかし、このような本国の政情などわかるはずのない当時の人々にとって、英仏軍来航の噂は元寇以来の国難であった。こうした非常時には、英明な将軍が必要であり、その候補者も現にいるではないか、というのが島津斉彬《なりあきら》や慶永の思いであった。

二人は十年前、少年の七郎麿（慶喜の幼名）に逢っていて、慶永は当時から惚れ込んでいたが、斉彬はその素質を認めたものの、大きくなってみないとわからないといっていたのが、前年春、成人した一橋刑部卿《ぎょうぶきょう》に逢って、将軍にという思いを強くしていた。

しかし、外様という立場から、表立って動くのは控えていたのであろうが、日米修好通商条約交渉の進みつつある段階で、開国通商はすでに自明のこととした上で、将軍継嗣に慶喜をと、十二月二十五日、上申するに至ったのである。その頃には、十月の慶永、斉裕の上申につづく開国派の大名も増えつつあった。

福岡藩主黒田斉溥《なりひろ》、柳川藩主立花鑑寛《あきとも》、宇和島藩主伊達宗城《むねき》、土佐藩主山内豊信《とよしげ》ら、数からいえばこの正月五日、井上がハリスに語ったように少数派であったが、有力大名が名を連ねていた。

堀田はこれらの諸侯をバックに幕府有司の開国派も含めて、その勢力を決定的にするために、勅許を得ようと上京に踏み切ったと見られる。

自分が上京して天皇にお願いすれば、それは容易に得られると楽観していたことも再々述べた。

しかし江戸城内すべてが、次の将軍として慶喜を期待していたわけではなく、表に反対する有力な勢力が大奥を中心としてあった。将軍にふさわしい資質能力よりも血筋を重しとする人々で、彼らは御三家の一つ紀州徳川家を継いだ十二歳の幼主慶福《よしとみ》を推した。

彼は十一代家斉の直孫にあたり、血統からいえば慶喜より家定に近かったからである。慶喜を推す一橋派に対し、慶福を担ぐ人々は南紀派と呼ばれた。

紀州藩の江戸家老水野忠英がその中心で、将軍に近侍する側用人平岡道弘や田安家家老松平近紹《ちかつぐ》らがその派であったが、最も強く慶福を推したのは、生母本寿院と育ての親の上《じょうろう》﨟歌橋たち、大奥の女性勢力であった。

江戸城内には三つの区域に分かれ、老中の御用部屋や、奉行たち、大名たちの控えの間のある「表」は、同時に評定所の白洲の開かれる場で、幕政の中枢であった。

その北に将軍の居住する一画があって「中奥」と呼ばれ、小納戸頭取が一切を取り仕切り、将軍出座の間は南側の表に接していた。反対の北側には広い「大奥」があって、御台所はじめ将軍の妻妾やそれに仕える上﨟、侍女、端女《はしため》まで、二千人近い女性の住む男子禁制の場であった。

南紀派が慶福を推す運動を始めたのは、前年春頃という説もあるが、家老水野は大奥の女性たちの歓心を得るため、藩の特産品の木炭をたくさん大奥に送り込み、「炭屋さん」と仇名されたというから、もう少し早くから動いていたかもしれない。

慶永や斉彬が上申という形で表からおおっぴらに慶喜を推したのに対して、水野たちは先行して裏から着々と運動を進めていたのは確かである。彼らが本寿院や歌橋に近づいたのも、彼女たちが慶喜の父徳川斉昭を極端に嫌っていたことを知っていたからであろう。

将軍に最も近い御三家の一つ水戸藩主であった人物が、大奥で何故そんなに嫌われていたのか、ここで説明の必要があろう。彼の個人的能力は文武両道に秀で、阿部正弘や島津斉彬に劣らぬものを持っていて、事実この二人とはたびたび文通を重ねていたほどである。

問題はその極端な性格にあり、善悪ともに凡人には及びもつかぬ言行が多かった。これが祟って天保十四年（一八四三）、将軍家慶から「近ごろ気儘な行為が多い」として、藩主の地位を追われ、謹慎、蟄居という重罪に処せられた。

斉昭自身、将軍に逆意あってのことではない「讒訴」である、と当時の老中首座阿部正弘に書面で訴えている。その取り成しで七年後隠居の身で藩政に復活するまでの、阿部をはじめ上﨟姉小路、斉彬、慶永らとの往復書簡が「新伊勢物語」（『茨城県史料・幕末篇Ⅰ』）に収められている。当時の歴史的資料として第一級のもので、相手の書簡と自分の出した手紙の写しとが、年月日順に整理され編集されている。

この「新伊勢物語」一つだけとっても、斉昭の天賦の能力がわかるが、とくに水戸弘道館の創立は藩教育の模範として全国に知られ、斉昭の名を文字どおり天下に響かせた。

敷地六万坪といわれる規模の大きさや、水戸学の儒者藤田幽谷、青山延于、会沢正志斎、青山延光ら教授陣の充実は、他藩校のとうてい及ばぬものであった。さらに側近には政略家であると同時に一流の学者詩人でもあった藤田東湖がいて、その著『弘道館記述義』は斉昭の著といわれている『弘道館記』と並んで幕末志士たち必読の書となった。先祖光圀以来の「水戸学」の普及は、『大日本史』の完成と、それにつづくこの二著と東湖の詩文にあった、といっても過言ではない。

以上は斉昭の秀でた面、よい面で、それが彼の治績の九七パーセントを占めるとすれば、それだけで斉昭は稀に見る「名君」であるが、残る三パーセントの非道、無道の行為によって歴史的評価は逆転する。

その個人としても公人としても許すべからざる斉昭の悪事は、すべて阿部死後の所業であって、その生前はさすがに遠慮していたのが抑えかねて実行に及んだもので、第一はその寵臣結城寅寿を斬殺させたことである。

結城家は中世以来常陸の名家で、寅寿は小姓のころから斉昭に愛され、天保十三年、二十四歳で執政に任じられ、藤田東湖の上席となった。のちに水戸藩を自滅に導いた天狗党と保守派の争いは、この人事を行った斉昭の責任である。

寅寿は保守派の代表であり、東湖は改革派の代表である。水戸藩改革に功績ある東湖を差しおいて年少の、今の言葉でいえば生意気な寅寿を抜擢したことで、両派の対立は決定的となったといってよい。

その後、隠居中の斉昭、蟄居中の東湖の留守に寅寿が藩政を欲しいままにしたことに斉昭は怒り、その権力を回復したとき恨みをはらしたのであるが、そのやり方はまことに残忍で、弘道館の士道に反するものであった。

結城家の嫡男で家老をつとめたほどの人物であれば、仮に死を賜うとしても、それなりの礼あって然るべきである。それを公の裁判もせずにその辺のならず者のように斬って捨てさせたのであるから、心ある人から指弾されたのは当然であった。

第二は、これは藩主だからというのではなく、人間としてやってはならぬ悪行である。前述の『逸事史補』の中で慶永も「〇〇」と伏字でその名を明らかにしていない、京都から皇女に従って江戸に下った生涯不犯の上臈を犯して国元に囲ったことである。個人として非難、軽蔑されることはもちろん、人の上に立つ藩主としては絶対に許されぬことである。

第三はいわゆる「京都手入」をたびたび行ったことである。諸侯が京都すなわち朝廷と直接書信を交わすことは、家康以来厳禁されていたのを斉昭は破ったのであった。

その妻が有栖川家の出であることから、当主と私信の往復は当然あったと思われるが、そのほかにも朝廷の実力者への政治的内容の文書も以前から有り得たのではないか。

左の『井伊家史料』(『大日本維新史料』類纂之部)は、前年七月頃、関白九条尚忠《ひさただ》への私信である。

此度夷情切迫に付存寄申上候次第。

恐れ乍ら書付を以って言上仕り候。昨年中亜米利加の「コモドール」と申す者豆州下田港へ来航の節、「コンシェル」(ハリス)と申す者連参り候に付、此方官吏相断り候得共聞き入れず留置帰帆仕り候故、拠無く下田内柿崎玉泉寺と申すところへ右の者差置候処、其節より度々官吏へ応接に及びあるいは剣抜きて奉行を嚇し、或いは通辞の佩刀を蹈り候など其外種々無礼の言を吐き、是非江戸へ参り将軍に対面致し度由申張如何様理会致し候得共相用いず、不許に於いては直ちに兵端を聞くべき体に示し此方を却《しりぞ》け候故官吏は恐怖致し、此節に至り弥其望みに任せ江戸へ引入登城評議致させべく評議決着の処、右はまことに容易ならざる儀故大名中も有志の族は異議これ在り申し致し……

ハリスが下田に上陸して以来、上府、将軍に謁見するまでの経過は、第八章、九章に詳しく述べたとおりで、斉昭が井上たち奉行がハリスに嚇された故としているのは事実でない。それを幕府の腰抜けとして、厳禁されている朝廷の代表関白九条に堂々と密告しているのである。

それまでも幕府への斉昭のアドバイスは長文のものが多く、阿部を辟易させていたが、この関白宛のも同様で、右は井上たちの動きを如何に曲解誹謗しているかの一例である。

前年秋、自分に百万両と軍艦を用意しろといい、それに旗本の次三男や浪人たちを兵士として乗せ、亜米利加に通商談判に行くといって、堀田を唖然とさせたが、その前にもいろいろ思い付きの難題を持ち出して阿部を悩ませた。彼も晩年その処遇に悩み、堀田起用もその一因であった。その死の直前、慶永に斉昭とはもう会うなと、いわば遺言したほどで、堀田もそれも聞いていたかは不明であるが、彼は阿部の生前もその死後も老中首座として政事について斉昭に親しく諮った形跡はない。端的にいえば、右に記したような斉昭の性格が嫌いだったのであり、斉昭のほうも城内で逢っても知らん顔で通り過ぎたという。

ハリス上府、謁見という重要な外交問題についても、堀田はすべて事後報告で済ましていて、前年末斉昭が重なる鬱憤を爆発させたのは無理もないのであった。

このとき父を諫めて川路と永井に謝らせた慶喜の振舞いに、二人をはじめ開明派官僚たちは感嘆心服し、この人を将軍にという思いが拡がった。四日後の正月八日、大目付土岐と目付筆頭の鵜殿は他事で家定に逢ったとき、将軍継嗣には慶喜をとほのめかした。二人は本気でそう信じていて、それが徳川家のため幕府のためと思っていたのであった。この出すぎた行為は家定はもちろん、あとでそれを聞いた南紀派の井伊を怒らせた。詳しくは再述する。

ここでまた将軍継嗣の問題に帰る。

安政五年正月の突然の上京は堀田が早くからその準備をしていたのではなく、いわば思い付きに近い決心で実行したことすでに述べた。この継嗣について天皇のお言葉を賜わればそれだけ有利ということを、出発間際まで慶永に吹き込まれ、堀田もようやく本気になって、その旨家定にも言上して出発したのであった。

簡単に条約勅許は得られるものと信じて、三月五日にはそれをハリスに伝える約束までしていたのが、散々に「差縺れ」て、継嗣のことまで手が廻らぬところであったが、そのために慶永が京都に派遣した橋本左内の活発な運動のお陰で、三月二十二日、英明、人望、年長という三条件を備えた後継者が望ましいという内旨が伝奏広橋から口頭で伝えられた。

このような内旨が示されるまでの経過は、複雑でまたそれなりに面白いのであるがここでは省略したい。堀田が直接かかわったことではなく、初めから彼の力の及ぶところではなかったからである。

橋本は上京後、同郷の鷹司家家士三国大学に会って朝廷内の空気を探り、運動の目標を初めの条約勅許から将軍継嗣に切り換え、実力者三条内府に接近して慶喜が幕府にとって如何に必要な人物かを力説した。橋本が若い頬を紅に染めて烈々と語る姿に、三条は川路同様引き入れられそれに同ずる意向を示した。

条約勅許を断固許さなかった代わりに、継嗣については帰府の手土産として堀田に譲ろうというのが天皇はじめ三条たちの思いやりであったかもしれない。その旨は初め文書であったのが、最終的には口頭で三つの条件が伝えられたのであった。

こうして継嗣についての叡慮が伝えられた三日後、堀田は幕府に報告のため岩瀬を先発させ、京地の模様はおいおい差しもつれ、「何分穏やかならず実に堂上方正気の沙汰とは存ぜられず嘆息仕候」と天を仰いだこと前述した。とにかくこの度の上京は堀田の惨敗で、将軍幕府の威信を傷つけた政治責任は重大であった。

第十三章　堀田の帰府と井伊大老の出現

安政五年（一八五八）四月二十日帰府した堀田には、すぐ果たさなければならない、内外二つの重要な用件があった。いうまでもなく条約勅許と将軍継嗣である。前者については、諸侯にもう一度諮った上で出直せということであり、後者については慶喜をほのめかす内勅のあったことである。

翌二十一日、堀田は家定に謁してそれを報告し、二十四日ハリスに逢って事情を話し調印延期を要請した。ちょうどこの両日を挟む二日の間に幕府内に思わぬ政変が起きた。

二十三日、将軍家定より、井伊掃部頭直弼《かもんのかみなおすけ》に大老任命の内示あり、翌二十四日、井伊はこれを受けて正式にその地位についた。堀田の老中首座は変わらないが、それに勝る政治権力者が上位に坐ったのである。

この幕府最高人事を突如断行したのは将軍家定である。

従来の説では、夫家定から叡旨を聞かされ慶喜が継嗣となると知って、本寿院が絶望し自殺を図ったためとされている。

そうではない。家定はそれほど「凡庸」な将軍ではない、井伊の大老起用は斉昭の動きを察知した家定自身の判断によるという見解である。

平成六年三月二十一日、佐倉市で行われた堀田の没後百三十年記念法要の日に、「堀田正睦と幕府の政局」と題する講演で東大文学部宮地正人教授は次のように述べられている。

……京都の意見が「年長の方」というのは口頭で言われたとしても、そういう具体的に人のイメージが分かる形で養君（継嗣と同意）問題が言われている。これは水戸の陰謀に違いない。将軍（家定）を押込めて、一橋慶喜を養君にして、そして斉昭が自分の思う存分の政治をするに違いない。これは、なんとか阻止しなければならないというのが、私の推測では将軍家定のリーズナブルな判断なのですね。

そして推測の根拠として次の三つを挙げられる。

第一に、自分は養嗣を迎えるほどの年齢ではないということ。明けて数え三十五歳、新妻を迎えて一年の自分には男子を儲けるチャンスは十分あるはずだというのが第二の理由。第三は慶喜はすでに大人であり、自分とは一回り（十二歳）しか違わない。彼が将軍になれば隠居させられるに決まっている。

だいたい今の年で養嗣をといわれるほど不愉快なことはない。それは五十になってからでも遅くないのだ、というのが家定の本心と教授は見ておられる。

そういう自分の気持ちも察せず、先頭に立ってあちこち仲間をつくる松平慶永《よしなが》はけしからん男だが、まだ三十歳の若さの故と大目に見ても、許せないのは身内の叔父にあたる蜂須賀斉裕《なりひろ》がそれと組んでいることで、さらに義理の舅にあたる島津斉彬《なりあきら》が外様の身分を弁えず、いわば将軍家身内のことに口を出すなどもってのほかである。

家定は正月八日、土岐と鵜殿が慶喜のことをほのめかしたとき、斉昭の手はそこまで延びているのかと思ったに違いない。さらに近衛家などを通じて朝廷に「手入れ」して、我が子を将軍にと動いているのを知って、もう我慢も限界に達していた。

家定は井伊の親戚にあたる徒頭《かち》薬師寺元真を使いに出して、直弼に大老就任の台意を伝えさせた。井伊はこれを受けて翌日手紙で松平忠固《ただかた》に確かめた上で、正式に大老職を受けたのであった。これが公表されて真っ先に老中に抗議したのが、鵜殿を先頭に岩瀬、永井の三人の目付であった。あんな田舎者に何ができるかという問いに、「井伊は員に備わるのみ」と応じた老中は忠固と見て間違いない。つまり井伊担ぎ出しの黒幕は忠固だという見方である。

信州上田五万三千石の藩主、松平伊賀守忠固というちょっと変わった人物についてしばらく述べたい。堀田の開国を最終的に成功させた人物でもあるからである。

彼は井伊と並ぶ播州姫路の藩主酒井忠実の次男に生まれ、十九歳のとき上田城主となった。名門に生まれ好運にも恵まれたが、元来才能ある野心家でもあった。自信強く人に下らぬところは、井上清直の若い頃によく似ているが、違うところは、出世のために権謀術策を弄し、ときに応じて節を変えたことである。

その人物才能を阿部に見出され、嘉永二年（一八四九）老中となって以来、度量の広い彼に信任されたが、斉昭には警戒されて安政二年前松平乗全《のりやす》とともに罷免された。このとき阿部はその才を惜しんで閣内に留めたかったが、斉昭に押し切られた。その忠固を堀田は再起用して自らの右腕としたこと、前述した。

老中として七年のキャリアがあり、堀田の留守中は当然閣内を取り仕切っていたが、失敗して帰府した彼には疾くに見切りをつけて、次を考えていたと思われる。前年秋彼に拾われた恩義あるにかかわらずである。

忠固の口から出た言葉と推定される「員に備わるのみ」の「員」は、今日の「員数外」のそれと同義である。この場合、大老とは名目のみの棚上げされた存在で、実権は井伊になくて老中にあることを言外に誇示したのであった。その首座である堀田はすでに実権を失い、井伊はいわばシヤッポにすぎない。閣内の実力者は自分だといったのに等しい。

このような堀田の立場を、井伊はどう考えていたのであろうか。

それを詳述する前に、将軍家定とはどういう人物であったのか見極めてみたい。

慶永、のちの春岳が遺著の中で、その父家慶と並んで家定を「凡庸」の将軍と一言で片づけていること、前にちょっと触れたが、決してそうではなかった事実を述べよう。

家慶は西の丸にいた当時から側にいた水野忠邦を、将軍となると同時に老中首座とし、享保、寛政の改革につぐ天保改革をリードさせたが、彼が目付鳥居耀蔵《ようぞう》や金改方後藤三右衛門に操られていることを知ると、天保十四年(一八四三)、二十五歳の寺社奉行阿部正弘を老中に抜擢し、その三日後水野を罷免した。

また水戸藩の改革に成功した斉昭に驕慢の色が見えると、同十四年いきなり隠居、謹慎という、この上は切腹しかないという重刑を課した。御三家の一つ水戸家と将軍の間がこのままでは、という阿部の配慮と運動のお陰で、七年後家慶の怒りが解けて、隠居の身ながら藩政に復したこと前述した。

この父と比べると、家定は確かに影の薄い将軍であった。ハリス謁見のときに見せた、奇妙な手足の動きや天然痘を患った顔の痕など、外面的に将軍の威厳を損なう弱点を持ち、本人も人前に出ることを臆劫がったかもしれない。

しかし、嫡子として家慶を継いで将軍となって以来、恒例の隅田川の舟遊びや郊外への鳥追いなどの行事には必ず出坐し、民衆の面前に臨んだが、とくに可笑しな将軍という評判はなかった。反対に政務に熱心で、常に阿部たち老中の動静に気を使っていた。安政二年、日米和親条約が成立して政局が一息つき、溜の間詰大名の一味が倒閣に動いたとき、それを察知した阿部が機先を制して出仕をやめたことがある。家定に辞意を表明してその決断を迫ったのである。

このとき家定は阿部の親戚にあたる老中松平乗全を呼び、阿部に翻意させるよう命じた。将軍直々の言葉に乗全は恐縮して福山藩の江戸家老を呼び出し、自分の意を伝えた。このとき家定は「阿部が唯今相引き候てはオレは困るから、よくよく其の趣を申し聞かせ、不快にても押して早々に出勤いたし候様」(『阿部正弘事蹟』)と促したという。

こうして阿部は将軍の信任を再確認した上で、素志の開国策を進めるのであるが、家定はそれを十分理解していたと私は思うのである。

前代からの老中首座をただ盲目的に信頼していたのではなく、自ら阿部の人物能力を知っての上での信頼であった。

安政四年五月、阿部が病勢が進み出仕を止めたとき、周りの老中、奉行などが心配する前に、真っ先に阿部はどうしたのだと騒ぎ出したのは家定であった。

その翌月十八日、三十八歳の若さで逝った阿部の葬儀が、七月三日、蔵前の西福寺で行われたとき、家定は少ない供連れで先行して寺の門前で待ち、柩の行列が到着すると、その先に立って本堂まで歩き、故人への深い弔意を人々に披露した。

こういう家定の心遣いは、阿部を引き継いだ堀田についても同様であったと思われる。それは、堀田が勅許に失敗して帰府の途中、大津の駅で家定のねぎらいの書に接したことでもわかるが、次に述べるような堀田と井伊の親しい間柄についても、家定は知っていたのではないか。

つまり井伊の突然の起用については、堀田がダメだから代えるのではなく、それをカバーできる人物として彼を選んだのではないか。

このように家定の意中を忖度しても、それを裏づける具体的な史料はないが、堀田と井伊が譜代溜の間詰の大名同士で、二人はごく親しい関係にあった事実を改めて述べたい。

一翰拝啓仕り候、追々薄暑相成り候処、愈々御安静御在邑恐賀の至と存じ候。扨其後は存外大御無音申上候段恐入申し候。兄よりは度々投書成し下され候処、貴酬も申上げず重畳恐縮、怠慢の段御仁恕希い候。兼ねて御内咄これ有り候条々何分思召の通参り兼ね、不取計の趣御高免下され、右には色々の意味合いもこれ有るべき哉に御座候。其外種々申上度御教示も蒙り度事共に候えども、紙上には申上げ難く、当秋御参府の万々拝語と、只今より楽しみ罷り在り候。

当時先ず穏かには候えども、扨々心配の事共多端に湊《あつまり》候には当惑仕り、御憐察下さるべく候。呉々御無沙汰候段御海容願奉り候。随いて此麁品時下御勤仕伺い奉り度、貴覧に入れ御笑味下され候わば恐慶に存じ候。何れも用事申上候。余後音申上候。恐々頓首。

四月十四日　　　　　　　　　　　備中守

掃部頭様

（『井伊家史料』五）

前年、安政四年藩地にいた井伊に宛てたこの手紙には、堀田の立場や性格がよく表れているので、内容には取り立てて重要なものはないが、全文ここに紹介することにした。

このところ「存外大御無音」している井伊に対してまず謝っている。井伊のほうからは「度々御投書」あったにかかわらずだから、その失礼を「重畳恐縮」している。何を井伊がいってきたかは次に述べるが、とにかく手紙には尽くせないから、この秋井伊が参府のとき「万々拝語」したく、今から楽しみにしているという。

井伊に対する堀田の友情と信頼を感じさせる文面である。二人は先祖に大老を出し、譜代の誇りをともにする仲であったから、何か事があれば互いに助け合った。

井伊と堀田の間柄は、弘化四年(一八四七)、井伊が世子として溜の間に詰めるようになった頃に始まる。当時新入りでいじめられていた井伊には、先輩堀田に助けられた恩義があり、以来持ちつ持たれつの関係にあった。個人的にもウマが合うというか親密であったこと、右の書簡にあるとおりである。

安政五年に入って、この二人の公私にわたる関係をうかがわせる上申書、書簡三通を左に紹介する。

正月十八日、彦根藩主井伊掃部頭直弼《かもんのかみなおすけ》建議書、老中堀田備中守正睦宛（控）

二月二十六日、井伊直弼書状、長野主膳義言宛

二月晦日、老中堀田備中守書状、彦根藩主井伊掃部頭直弼宛

（『井伊家史料』五）

初めは上京前の日付で、おそらく堀田は出発直前これを読んでおり、井伊もそれを期待しての上書と思われるが、その内容は前年からの主張の繰り返しというか、確認である。

「開港の義は御拠無き次第に候得共」と冒頭それを認めた上で、外国人の江戸在住は「御制禁」とすること、切支丹は「御指留」など従来の主張どおりであるが、興味あるのは末尾の「外国よりの渡来」を許すだけでは受身となり「遂には属国の姿」となりかねないから、この方からも「一二年の内には是非々々（使節を）御指立願い度」としていることである。これが二年後の咸臨丸渡米という壮挙につながったことというまでもない。

このアイディアは前年十一月、斉昭が幕府に百万両と軍艦を用意させ、浪人たちを連れて亜米利加に渡りたいといい張ったことに通じるもので、井伊の頭脳は開国論、心情は攘夷論という二面性、矛盾を示す文献でもある。

二番目の腹心長野宛の手紙は、当時の井伊の考え方、気分がよく出ている。また、堀田の名がたびたび出て来て、彼に期待する気持ちを隠さない。

この時期、自分の行動は「まったく天下の御為、次に堀田が為、関白殿（九条尚忠《ひさただ》）の御為を存じ込ての事」と先ず記し、京都守護について「薩州」「藤堂」「土州」など外様の大名がそれを望んでいるという噂があり、それを堀田に確かめている。

外様にて守護は決して相成らざる事に付き、如何様の申立これ有り候ても苦しからずと申居り候えども、当世は何事も油断成り申さず。（『井伊家史料』五）

そんなこと決して許さないと堀田はいってくれているが、油断はしていないとし、今まで禁裏守護に自藩があたってきたことは「今日の強み」としている。

次に将軍継嗣について、慶喜のことは「薩州より廻り御台様（篤子）御頼みと申す事、京地へは十分手廻これ有る様子」で、「右一条に付いては四五年来人知れず我等大心配にて、堀田へも毎々申込候次第」と老中首座にある堀田に南紀派に同心してくれることを期待する。

今日に及び候てはアメリカ一義に事を寄せ、大名または御役人にも養の字申出、つまり一印（一橋家主、慶喜）を見込居候趣、堀田発足前にも密談もこれ有り候間。我等見込みの処、段々討論に及び候事に候。（『井伊家史料』五）

堀田が上京前に継嗣の件で南紀派の頭首井伊と逢って「密談」したことは、この『井伊家史料』五以外にはない記述で、注目を要する。

我等見込と申すは兼々咄し置き候通り、赤坂（和歌山藩上屋敷、藩主徳川慶福《よしとみ》）より外にはこれ無く、此節柄に付、明君を立申すべしと下より上を撰び候は全く唐風と申すもの、況や我身の為に勝手がましく御撰出申す訳、曾てこれ無き事不忠の至りに候。

右は堀田にも初めより同意の義、然る処今時小石川（水戸藩上屋敷、前藩主徳川斉昭）の一党御役人にも歴々昏々人気集り候節には是又失望致し、人気散じ候ても一大事、如何これ有るべきやと堀田申聞候間、我等申し候には明君を撰みて候からは、直ちに御代に致さず候ては所詮も無き事、是眼前の義、然る時は恐れ乍ら、公方様（家定）には大御所様と申す訳に相成申すべく、失望候より人気立ち申すべく、是は誠に目前の義より御大事にこれ無きやと申候処、堀田にも至極尤もの義……（『井伊家史料』五）

内憂外患の重なる「眼前の義」のために明君を立てるのは、家定にそれに堪える能力のないことを示すもので、将軍の座を「明君」に譲って「大御所」に移っていただく仕儀となる。このあと「眼前の義」とはいえ、こういうことになっては「累代御厚恩」の我々にとっては「不忠」この上ない。堀田もこのことはよく承知している、と二度にわたって、その名を記している。

慶永が堀田の上京直前までその身辺にまとわりついて、一橋派に引き込もうとしたのとまったく同様に、井伊はその巻き返しに懸命である。間に挟まれた堀田は家定に出発前の挨拶をし、慶喜をほのめかした翌日、その家定からそれは駄目だとはっきりいわれたのである。

……正月十六日、御前にて御養君の義遠からず取極に相成然るべき段言上に及び候処、上意には此一義兼ねて深く心配致し居り、申出べしとも存じ候処、今日迄其の義に及ばず。右は彼是申立候者これ有候とも、一橋にては決して相成らざる義、御先々代様（家斉）御続きも御近くの紀家と兼ねて御心に御取極置かれ候由、誠に御速成、上意、老中共も盛伏仕り、至極御尤もの思召、御内意の段畏み候段御請申上候と申す事、其節伊賀（忠固）には別して有難き思召の段言上も致し候。（『井伊家史料』五）

御養君すなわち継嗣には慶福がふさわしく、慶喜のことは論外といわんばかりの家定の決心が明確に書かれたこの条りは、どのような情報源によるものか。

筆者の井伊は、堀田以下老中と将軍とのやり取りの現場には当然いないから、その場にいた誰かから聞いた話である。

次にその経緯がわかる。

右の御手続きの委しき義は夏目左近将監（信明、御用取次）より内々承り、兼々万事深き思召在らせられ候義とは伺い居候えども、右御一言は実に有難き次第に候。尤も前文の通り我等にも如何の上意有るべきも計り難く、其段御案思申上げ、堀田にも道行何とか申上置度とまで申候えども、右御一言にて老中には決断に及び、一向右一条は当時談合もこれ無く、堀田帰府の上と申す事に相成居候由……（『井伊家史料』五）

井伊が夏目から得た右の情報は、上意、すなわち家定が後継者として「一ツ橋」を全く考えていないことを明らかにしている。

この上意は「赤坂」のほかにはいないとする井伊にとって、まさに鬼の首を取ったような喜びであったろう。「右御一言は実に有難き次第」と繰り返し記している。

「一ツ橋」は絶対有り得ないとすれば、結論は「赤坂」なのだが、ここで家定がその名を出さないのは、四日後に堀田の上京が迫っていたからで、万事は堀田帰府後とした。前日、慶喜をほのめかす堀田にも同じことを伝えたばかり、家定はじっと我慢したのかもしれない。

この日から八日前の正月八日、海防掛の土岐と鵜殿が御前に召されて「アメリカの一義御直に御尋ねの砌」、二人は「御養君の義御進め」した。家定は確かにそれを聞いたが、自分は「聊かも取合い申さず」と側衆に語ったことを、井伊はつづけて記しているからである。

老中でもない身分の者が、直々「大事」を言上するなど「以ての外なる事」と井伊は憤慨し、元来二人は「軽率人」だから「越前」慶永に動かされたのではないかと見ている。つづいて、

老公の誤り証文出候も此辺にて取揃え候と申す事。色々謀計もこれある様子に付油断は成るまじ

く、堀田にも何卒早々帰府これ無くては、万一留守の虚に乗じ如何様の義出来も計り難く、帰府をのみ待居申候（『井伊家史料』五）

と老中首座の堀田を切々と頼りにしている。

井伊はその謀臣長野主膳に「秘密」を洩れなく伝えているが、彼が夏目らから得た情報には誤りもあり、捉えられていない秘密もある。

「老公の誤り（謝り）証文」とは、斉昭が慶喜に諌められて、右の二人と岩瀬、井上、永井宛に書いたものと見られる。慶永はこのことには関係ないが、まもなくこの情報を得て力づき、慶喜を継嗣にと朝廷に迫ることを出発間際まで堀田にせっついたのではないか。

いずれにしても慶喜の株は一挙に上がり、とくに感激性の強い二人は、ほんとうに幕府のため日本のため、慶喜を将来の将軍にと身分を忘れて、家定に暗にアドバイスしたのであった。

しかし二日、慶喜の五人への応対の見事さは井伊には伝わっていないようである。当日の「秘密」を詳しく井伊が知ったとすれば、その恐怖は「堀田帰府」を待てなかったかも知れない。

最後に井伊は、長野に右の事情を関白九条尚忠に報告するにあたり、厳重に口止めするよう注意している。

此の一条は余り余り御膝下の義、洩し申すまじき事柄に付、万一他へ聊かにても洩し候ては相成申さず、関白殿へも其段堅く御心得下さる様、事少なに申上然るべしと存じ候。（『井伊家史料』五）

次に京都の動きについて得た情報に触れている。

今のところ御用部屋は御手透《おてすき》で「老中退出も早く」なっていたのが、「廿日京都より飛脚著に付」、廿一日はまた退出が遅くなった。

「何か京都は思うように参らず、甚だ心配と申す事」で、堀田たちの帰府もいつになるか、見通しがつかないそうだと、なかなかよく情況を把んでいる。やはり側役夏目らから流れて来るのであろう。ちょうど初めの上申が却下されて、あらためて在府の忠固はじめ三名の老中連署のものが朝廷に出された時期に相当する。

そして突然「川路左衛門義は姦悪の者」と極めつけ、何か陰謀を企てているらしい、「其儘便々と御遣い成られ候義は、実に不覚なる御処置と存じ候事」とまで書いている。

川路が生涯如何に幕府に尽くしたかは、江戸開城の当日、自刃したことでも明らかであるが、その川路をここまで罵倒しているのは何故か。

有能老練の彼を妬む輩は、陰で「ズル聖《とし》」と綽名していた。思いあたるのは、城中で慶永に逢ったとき左内のことを褒めた事実である。これを同朋や茶坊主の誰かが小耳に挟んで、二人の親密さを夏目に通じた可能性はある。それを「一ツ橋」の陰謀と井伊はとったに違いない。

こうなれば川路は「赤坂」にとって「姦悪」そのものの存在となる。両派の疑心暗鬼も極まれりといってよい。

此一両日風聞に鷹司殿（政通）急病と申す事、又は横死哉とも申候、如何の義に候哉、老人の事に付定めて病気俄かに発し候事哉と遠察致し候、一寸尋ね申入候。外にも種々申遣度義もこれ有り候えども、指し懸り存じ出申さず、何れ書残し候義は又々申遣り申すべく候、早々以上。

二月廿日認め
さくら田

桃之屋大人

宛名は長野の雅号「桃迺舎」、「さくら田」は桜田、井伊の上屋敷のある所。堀田の名は文中に再々出てきて、彼を頼りにしていることよく察せられる。京都より何もいってこないと井伊が心配しているその堀田が、晦日井伊宛「御直披」と封筒に上書きした書信をしたためていたのである。

本日十七日御付の華墨(編者註、所見なし)一昨廿八日相達し、先以て春寒の節に候えども、愈々御安泰恐賀奉り候辱《かたじけなく》拝誦仕候。次ぎに小子義、長途滞り無く去五日京著、無事罷在候間憚り乍ら御安息下さるべく候。毎々ながら御心頭に掛けさせられ、御尋問成し下さる段一方ならず御懇情多謝奉り候。

京地模様も何分はかばかしく参り兼ね、見込みよりは遅々罷り成り当惑、去り乍ら先ず悪しき義はこれ無き哉に御座候。最早遠からず落著仕るべく、何れ帰府万々申上げるべく候。小人深く心配仕るべき旨御遠察成し下され、早や実に百年の寿を縮め候義御座候御察し下さるべく候。其御地日々風烈にて出火等御座候よし、気遣わしき義御座候、何卒御静謐仕度……

書き出しは型通り季節の挨拶に始まるが、心のこもった丁寧なものである。つづいて近況に触れる。条約勅許の件は思ったより渉らず「遅々」として「当惑」しているが、そのうち落着するだろうと、自分を慰めているようである。

実際は心配で「百年の寿を縮める」思い、察してくれという。江戸の名物火事見舞を述べたあと、本題というか、斉昭の話題に移る。

例の仁日々威勢盛のよし困り候者にこれ有り候。何分引合多きの人物には当惑。其内尾を出し申すべく、其節は取逃がさず生捕候様心掛居り申すべく候。其外御細書御教示の趣敬承仕り、甚だ略ながら一々御答申上げず候、兼ねて御内吐御座候陣屋地の義、此節取掛り調べ居り候間、遠からず何とか御沙汰御座候義存じ候。存外京地も狭物にて地所差支え躰のよし御座候。色々申上げ度義も御座候えども、何分筆紙に尽くし兼間万縷拝語と先ず貴酬のみ申上候。大乱筆御推覧下さるべく候、匆々恐惶頓首。

二月晦日　備中守

掃部頭様

（『井伊家史料』五）

「例の仁《じん》（人）」とは斉昭を指す。「何分引合い多きの人物」とは、「京都手入」はじめ幕府に対して何かと口を出す、うるさい隠居の意で、そのうちに「生捕」にするとは穏やかでない。相手が井伊であるから冗談ぽく書いているが、堀田が井伊同様斉昭を嫌っていること明らかである。そのほかにも二人だけに通じるいくつかの問題があったはずである。

電話のない当時、ちょっとした連絡にも手紙を使いに持たして遣ったので、受けた方はそれを見たらすぐ「丙丁《ひのえひのと》」にしてくれという例は多い。二字とも「ひ」にかかるから、こういう使われ方をしている。

しかし受けた井伊は「丙丁」にせず、取っておいたので、後世の我々は「秘密」を真相と知ることができるのである。

末尾、京都の陣屋用の土地については、井伊の例によって強引な申入れに、堀田は頭を悩まし謝っている。

次の追伸によって、この書信が飛脚ではなく長野に託されたことがわかる。堀田、井伊、長野のおそらく表面には出ない、出せない秘密の関係のあったことを裏づける重要なものといってよい。

追書の初めには近況を記し、「此度は巡見抔も仕らず、金地院其外御宮等へ参詣仕り候計り、本能寺に籠居罷在り」、「追々時節も宜しく相成り」、「日長には相成り」、「是には退屈当惑」と嘆息している。

扨て此度は貴臣御用にて上京仕り候よし、此節御帰居候趣承り候間、幸い一書呈上仕り候。筆端御懇切にまかせ、つまらぬ事ども認めちらし申候間、御一覧後早々御投火下され候様、偏えに願い奉り候。以上。

三白、御序も御座候わば憚り乍ら中川氏（岡藩主、久昭）へも小生無事罷り在り候段、御伝声御内々願上げ奉り候。以上。（『井伊家史料』五）

「貴臣」とは長野を指す。これを託するにあたって、堀田は彼と逢っていた可能性もあり得る。慶喜については慶永に散々つきまとわれ、慶福派の総帥井伊とも「秘密」を共有する堀田の立場は先行き不安を増すばかりである。

第十四章　堀田と井伊の友情

安政五年（一八五八）四月二十日、京都から江戸に帰った堀田は、その翌日家定に報告、一日おいて二十三日、その家定の命によって井伊大老が実現した。

突然のことで人々を驚かせたが、家定としては三か月前の正月十六日、その肚を固めていたこと、前章の終わりに述べた。

家定の幕府最高人事が、堀田にとっても寝耳に水とは思われなかった、と思われる根拠を次に述べたい。

条約勅許という上京目的を完全に失敗して帰った以上、どんな処遇を受けてもそれに甘んじなければならない覚悟はできていたはずである。井伊が自分の上に坐ったとしても、彼は溜の間における後輩で気心の知れた仲である。

京都での失敗は、それをとがめるとすれば彼だけでは済まず、川路、岩瀬の進退に及ぶこと明らかで、せっかく調印前まで妥結した日米修好通商条約を成立させるまで、軽々しくは動けない。そうしたことは、これから井伊と相談していけばよい、と堀田は考えたのではないか。

翌四月二十四日、堀田はハリスを邸に呼んで、三月五日を予定していた帰府が一か月以上遅れたことを詫び、事情を話して調印期日の延期を提案した。ハリスはその事情を深く追及せず、堀田の立場を察して延期を諒承し、五月六日、堀田がその旨を文書にして、大統領ピアースに伝えることをハリスに達した。

八日、井伊は土岐を大番頭に、川路を西ノ丸留守居に飛ばした。二人は前年から慶永や橋本左内の勧誘を受けて水戸派に与していて、その動きはすでに井伊につかまれていたことは前述のとおりである。その仲間の鵜殿は二十日、駿府町奉行にこれも飛ばされた。

その年の正月二日、慶喜に呼ばれた五人のうち、岩瀬、永井、井上ら、のちに開明派官僚と呼ばれた人たちも当然飛ばされる運命にあったが、日米修好通商条約調印のことが残っていたので、井伊は我慢してその職にとどめた。大老就任直後に、岩瀬、永井が鵜殿を先頭に御用部屋に来て、井伊を田舎者呼ばわりして、そんな人物を大老とはトンでもない、と老中に抗議し、それは「員に備わるのみ」と忠固《ただかた》にかわされたことも前述した。

誰が見ても明らかな一橋派一掃人事に、最も危機を感じたのは、その党首といってよい松平慶永であった。

五月十四日の夕刻から越前邸で徹夜の会合があった。慶永以下江戸家老狛《こま》山城、たまたま出府中の家老本多修理ら藩の要職が集り、このままでは井伊の南紀派にやられる、如何したらよいかとその対策を練った。もちろん情報蒐集にも手を尽くし、前々日井伊に逢った宇和島藩主伊達宗城《むねき》から、その対談の模様を聞いてきた中根靫負《ゆきえ》も加わって、委細を『昨夢紀事』十二に書き残している。以下括弧内はその引用である。

宗城は中根に、いろいろ当面の問題について質問しても井伊は要点をはずしてヌラリクラリ答えるばかり、「大老の胸中は唯一箇の我意あるのみ、策略に至っては空茫として一物なし、此の由申上げよ」と語ったという。

この上は「明朝御登城の上御座の問御逢い御願いにて御直に申上げられ、西城（継嗣）の件も御決定然るべし」ということに一度は決したが、おそらく「大老始め閣老達も多分妨げ」るだろうし、たとえそれを凌いでも「又御側衆にても防禦すべし」と、最後には「備中殿へ御相対ありて手詰めの御論判に及ばれんこと然るべし」ということに決した。

翌朝、慶永は寝所にも入らずそのまま登城し、宗城に逢ったあと、夕刻堀田とかなり時間をかけて話し合った。

まず川路、土岐の「外転」に始まり、「忠直排斥の兆も稍顕れ候えば、足下の御先途も程遠かるまじく覚え候、闇々と罷免の冤に遭遇せられんよりは、唯今大奮激を発せられ抗論説破、大老も伊賀殿も圧倒して建儲の大策を定められん事こそ候え」と慶永は迫った。

そのためには「閣中にては（井伊と）指（刺）違え、台前（将軍の前）にては割腹」の覚悟が必要だと「激切の御弁論」に及んだ。

堀田は感激して、「左までに御忠告に及ばれ候上は何をか包み申すべき、僕が腹心も打ち明けて御物語申候わん」と、「見据えさえ有る事に候えば天下の御為一死を厭い候道理はこれ無く候」といい切ったのはこのときであった。

今自分が死んで家定を諫めたとしても、それは犬死だという理由をこのあと詳しく慶永に話した。

その要点を次に述べる。

第一に「将軍家（家定）には取り詰めたる厳しき事を申上候えば、直ちに御涕泣に及ばせられ一時にても二時にても有無の御答えはあらせられ」ない。すでに継嗣は慶福《よしとみ》と決し、井伊にも打ち明けている以上、それをここで堀田に明かすわけにはいかない家定は、窮して泣くばかりである。どうしようもない。

第二は「海防懸初め有志の面々も不肖ながら僕を目当てに勤め居り候事ゆえ、今更僕が身内に事ありては夫切《それきり》の事」となる。「廟堂」ち《すなわ》幕府全体のことを考えれば「一日は一日丈けの御為にも候わんか」という思いで「忍んで出仕」している。

そして幕府内の内輪話となる。

忠固はもともと井伊とは仲が悪かったのに、大老となってからは大いに譲るが、それは表面のことで、内心は井伊と組んで「僕を圧倒せんと種々の姦計を施し」ている。同列の「大和（久世《くぜ》）は風波を考え沖へも乗らず磯へも寄らず、紀伊守（内藤）や中務《なかつかさ》（脇坂）は、貴公程にも事情を弁えず恐懼の至り」である。

第三に西城（継嗣）のことは、もともと紀党の井伊に忠固が加担し、側衆奥向にも「賢明忌憚の党類数多これ有り、一ツ橋は僕一人、近来の形勢迚も維持すべくもない」、「最早橋公の御事の周旋も微力に付適い申さず、御断り申すより外は」ないと一切を正直に打ち明ける。つづけて、朝廷に対する自分の苦しい立場を訴える。

「京師へ対せられ外国条約の儀も違勅の姿なるに、西城も亦橋に帰せずしては両条の違勅」と堀田は自分が「違勅」の罪に問われようとしているという。一つはいうまでもなくアメリカとの通商条約であり、二つは「年長」の慶喜のほうが望ましいと暗に示された継嗣のことで、その慶喜がダメで慶福ということになると、自分は京師に対して「両条の違勅」を犯すことになる。「最早橋公の御事の周旋も微力には適い申さず、御断り申すより外はあらず」と繰り返す。

井伊を盟主とする南紀派から、慶喜を担ぐ一橋派は「徒党」と呼ばれ、「其党類の張本は僕にて、土岐丹波、同摂津（二人は親子）、民部（鵜殿）、肥後（岩瀬）、玄蕃（永井）等其列にて」、箱館奉行堀織部、目付津田半三郎も同類と見られている。

大名では「第一尊公（慶永）、薩州（斉彬《なりあきら》）、土州（山内豊信《とよしげ》）、宇和島（宗城）、奥向にては「御小姓頭取諏訪安房（守）御小姓にては権太遠江（守）等、何れも無二の忠臣故、竊かに使い君側を周旋させ候いしに、是も近来探り出し同類に入られ、遠からず外転にも成るべき勢……」と、堀田は徒党すなわち一橋派のメンバーを洗い浚い明らかにしている。

ここで慶永が宗城から聞いた話として、忠固も慶喜を推しているそうだがと聞くと、忠固は「何にても僕を倒し南紀を立て、夫より大老をも倒し、己一人大権を握る積もり」と堀田は断定する。

以上堀田の情勢分析、人物評価はまったく正確である。中でも要注意人物の老中忠固は、日米修好通商条約調印の際重要な役割を果たすことになると、ここで再びコメントしておきたい。

こうして堀田は「此の日は真に覆蔵なく閣内の機密までも打ち出されける故、公にも何とも御当惑にて、初に替り備中殿を御慰めありて御退散なり」という結果に終わった。

堀田の率直な人柄が伝わる美談ではある。

『昨夢紀事』は、このあと廿七日、慶永が忠固を面詰する場面を記している。自分は慶喜を推しているとどこまでもシラを切る忠固に、帰邸後「伊賀の腹黒きこそいと悪《にく》けれ、顔色の変わる計りの際になりても刑部卿（慶喜）の事を主張する様に妄語せる。天を欺かんとするにや」と靫負に語り、「御憂悶御憤怒限りなし」だったという。

昨秋来同志を募り、渾身の力で慶喜を将軍にと一路邁進してきた慶永にとって、絶望的決定がその三日後に来る。

六月朔日、三家両卿および溜の間詰の諸侯に、大老、老中より左のように達せられた。

> 御筋目の内より御養君遊ばさるべしと思召候。追て表立ち仰せ出され候らえども、先ず御内申達すべき旨仰せいだされ候。（『外国関係文書』二十、一三七）

「御養君」の名は文面にはないが弘化三年（一八四六）生まれ、数え十三歳の慶福を指すことというまでもない。慶喜、一橋派は完敗したのであった。

同時に発表された御養君御用掛は堀田以下注目すべき顔触れである。

彼の配下となる御養君御用取扱には、若年寄遠藤但馬守胤続《たねつぐ》、御留守居加藤伯耆守正行、目付津田半三郎、駒井左京が命ぜられた。井伊の選んだこのメンバーについて、彼の配慮を推測してみたい。

トップの遠藤は天保十二年（一八四一）若年寄となり、嘉永五年（一八五二）勝手掛、海防掛を兼ねるベテランで、ちょっと変わった個性の持ち主であった。「幕末名士小伝」は次のように評している。

> その風貌は一見婦人のようで弱々しいが、「性極めて方正厳粛犯すべからず、然れども物を容るるの

量は乏しき処なり」。しかるに「此人上下の間に在りて頗る人に畏憚せられ、久しく称職の名にありしは、其才力の老練超凡なるを見るに足る」と。

「方正厳粛」の性格は世子の教育者としてはまず適格であり、それにもかかわらず、老中と奉行の間に挟まれる若年寄という難しい職を十七年勤め上げた「老練超凡」の士でもある。そして実際にこれから慶福の身近に仕えてその指導にあたるべき津田と駒井は若手目付の俊秀である。この人選は誰がしたのか。

右の命のあった日、「正睦退きて、其親臣に向い『余は一たび一ツ橋殿を立てんとせしも、既に紀伊殿に定まりたる上は、復た異存あるべきにあらず、満腔の誠意を以って儲君に事《つか》え奉るべし』と告ぐ」と『正睦伝』は記している。

このポストは井伊が老中辞任後の正睦の処遇を考えてのものであったと見てよく、それを受けて堀田も真剣に慶福の養育に打ち込む決心をしていたのである。

第十五章　日米修好通商条約調印と堀田正睦の死まで

安政五年（一八五八）六月十三日、アメリカ軍艦ミシシッピー号が、続いて十五日、ポーハタン号が下田に現れた。

すでに北京は英仏軍に占領され、清軍降伏の天津条約が一か月前の清暦（旧暦と同じ）五月十六日結ばれていた。手の空いた英仏海軍の将兵は軍艦とともに長崎に来航した。母国ではないが凱旋であり、骨休みでもあったろう。その様子を当時幕府の長崎海軍伝習所の教育訓練にあたっていたオランダ海軍のカッテンディーケが懐古談『長崎海軍伝習所の日々』に書いている。

六月長崎に来航した外国艦船は冒頭のアメリカの二艦とロシアのアスコルドの他、イギリスのフュリアス、レゾリュウション、カルカッタおよびインフレキシブル、フランスのラ・プラース、デュ・シャイラ、ルミおよびプレガンの諸艦で、「それ故我々には十分の仲間が出来た」と書くほどの盛況であった。

この中から先発したミシシッピー号とポーハタン号は、四年前提督ペリーとともに来航した馴染みの軍艦である。

今度の提督タットナルは、白河の海戦で、中立の立場であるのに英仏軍を援けて戦った勇将で、いち早く下田を目指した。ハリスを支援するためで、十七日ポーハタン号は彼を乗せて小柴沖に到着した。この知らせを受けて、幕閣は井上と岩瀬を現地に向わせた。

十八日、ポーハタンに向うとき、岩瀬は次のように、橋本左内に密書を送っている。火急の際まず左内に知らせた二人の仲は、この二月二十五日、岩瀬が帰府する前夜、京都の宿で徹夜で語り合って以来のもので、初めて逢ったこの夜から、日本の将来を思う同憂の士として固く結ばれていた。

亜蒸気船小柴沖に来る。右は火急に官吏（ハリス）より忠告の事ありて飛脚に託する暇なきを以てなり。

外にフレガット一艘（ミシシッピー号）下田に碇泊。

魯人布恬廷《プチャーチン》軍艦にて下田に来る。今日小柴へ来る由なり。

五日の間に英仏三、四十隻程江戸海に来る由、亜人申立候。

支那は今度悉く英仏の談《はな》しに承伏致し候に付、軍勢引上げ直ちに当所へ廻り候由なり。取敢えず一寸右の段相報じ申し候。

十八　　桂痴（岩瀬）

端元兄（橋本）

（『橋本景岳全集』）

余計な文字は一つもない。簡潔明瞭な走り書であるが、要点はすべて抑えてある。

第一、ミシシッピー号が控えとして下田にいること。

第二、ロシアのプチャーチンが軍艦アスコルドで下田に来ていて、今日中には小柴に来ること。

第三、英仏海軍併せて三、四十隻の軍艦が、シナを屈服させた今、江戸湾に来航するだろうとアメリカ人はいっている。

三番目の情報はハリスのハッタリで、イギリス本国政府にはそんな考えはまったくなかったこと前述した。ハリスは以前からボウリングの唱えていた英仏軍艦来航の脅かしを、このとき利用したのであった。それにしてもプチャーチンは、いつも英仏米の動きにピッタリついて離れない。その行動力は天晴れである。

十九日、ハリスと前日会って江戸に帰った井上と岩瀬の報告を聞いたあと、井伊以下老中若年寄の最高会議が御用部屋で開かれた。

ハリスの要望に応じて通商条約の調印をすべきや否かについて、井伊と若年寄本多忠徳以外はすべて、調印すべしであった。アメリカの二艦、ロシアの一艦につづいて、英仏四十隻の軍艦に迫られてはどうしようもない。今のうちに、ハリスのいうように最も友好的なアメリカと条約結ぶべしが大勢であった。

中でも忠固はこういい放った。

長袖連（京都の公家）の鼻息をのみ窺わば、公儀の権威、何を以てか立たん。関東（幕府）の意見を以て速かに断行せんに若かず。（『昨夢紀事』）

井伊は堀田の意見を聞き「伊賀殿所存に同意」を確かめた上で、次の間に控えていた井上と岩瀬を呼び、小柴沖に戻ってハリスにもう一度調印延期を交渉させようとした。

そのとき井上は、仰せのように極力交渉するが、どうしても相手が承知しないときは調印してもよいかと迫った。
いつもギリギリのところで井上の打つ大芝居である。このときも井伊から、そのときはやむを得ないという言質を得て二人は即刻出発した。その直前岩瀬は左内宛に左のように書き送っている。その得意思うべしである。

天地間の四大強国（英米仏露）を引請候義亦愉快の一つに御座候。御一笑。（『橋本景岳全集』）

こうして二人がポーハタン号を再訪したときの光景を『正睦伝』は次のように書いている。

清直、忠震の二人、十九日の深更を以て、ポーハタン号に達す。日没後は礼砲を発せざるの制規なるにも拘わらず、タトナー提督特に十七発の祝砲を発して、歓迎の意を表す。水禽夢を破られ、海若（かもめ）亦た魂を消さん。

また同じ光景をカール・クロウ著『ハリス伝』は「その遠雷のようなとどろきは、殷々として、江戸の役人たちの耳元にもとどいたことは確かだ。いよいよ日本攻撃がはじまったと、彼らは思ったに違いない」と書いている。
こうして調印に向けて最後の日米会談が始まった。
まず二人は井伊の意向を受けて、七月二十八日まで調印延期のことを伝えると、ハリスは冷然と応じた。

余は過般の契約を無視して、調印の期限を短縮せんが為に来りしにあらず。唯貴国の一大禍機に瀕するを傍観するに忍びず、英仏二国の強要を未然に防ぎ、貴国の不利を未萌に救わんとするの老婆心に外ならず。(『正睦伝』)

だから二人が延ばしてくれというなら、このまま下田に帰って七月まで待つという。こういえばこう答えることを予期していた岩瀬は「屹《きっ》と」ハリスに向かっていった。

若し貴使にして英仏聯合艦隊来航するも、日米修好通商条約以外の要求を為さざるべきを保証し、若し万一苛重なる要求を為せる場合は、貴使起こって其調停緩和に努めんことを我が閣老に通告せられんか。我等は今日直ちに日米条約に調印すべし。(『正睦伝』)

どうだ、ここで調印しないかと岩瀬に迫られて、ハリスは一応勿体をつけたあと、こう応諾した。

英仏は日米修好通商条約の内容に同意すると思うが、

若し右二国と日本との間に、困難なる問題を生ずることあらば、余は友誼上調停者として、これが解決に力むべき旨を、閣老に通告せん。(『正睦伝』)

とハリスは居中調停にあたる決意を示し、その旨をしたためた。二人はその英文を船に持ち帰って通詞に翻訳させ、確かめた上でポーハタンに折り返した。

此れにて愈々日米修好通商条約の調印を了す。時に六月十九日の夜丑の下刻暁色蒼茫として、天尚お白けず。日米修好通商条約は愈々生命を与えられたり。タトナー提督直ちに日米両国の国旗をポーハタンの艦上に掲げて、二十一発の祝砲を放つ。殷々の声は、直ちに平和の響と化して、天地の間に満つ。(『正睦伝』)

遂に日米修好通商条約成ったこの時刻、「六月十九日の夜丑の下刻」とは、正確には二十日午前二時過ぎにあたる。当時の海軍の国際的制規を無視して、二度にわたって深夜祝砲を放ったタットナル提督は、二年後再び来日した。通商条約批准書交換のためワシントンに赴く遣米使節一行を送るためで、安政六年十二月横浜に着くとハリスの案内で随行艦に予定されていた観光丸を見た。彼の意見で、艦齢十年の観光丸から新造の百馬力スクリュー艦咸臨丸に即座に切換えたのは、当時軍艦奉行の井上であった。

彼のこの「決断」がなかったら、二月の北太平洋で、提督木村摂津守以下、艦長勝麟太郎（海舟）、福沢諭吉等は観光丸と運命をともにしたこと疑いない。

このときタットナルはサンフランシスコで下船し、咸臨丸の航海を事実上指揮したアメリカ海軍大尉ブルックスとともに陸路ニューヨークに先行して、使節の歓迎準備にあたった。

ニューヨーク五番街を丁髷《ちょんまげ》、羽織袴姿に大小を帯びた侍が、馬車で行進して市民の熱狂的歓迎を受けたこと、よく知られている。

それは日米関係の歴史において空前絶後の盛典であった。日本にとってほとんど奇跡的チャンスで成立したこの条約が、そのあと安政大獄につながる政治的混乱の中で、ほんの一握りの人に評価されただけであったことに比べ、アメリカでは一般市民までこの条約成立を歓び、対日貿易の将来に如何に期待していたかを示すものである。

それにつけても条約調印の当夜から、咸臨丸の撰定、遣米使節一行の歓送、歓迎まで、タットナルの外交官としての両国への貢献を忘れることはできない。

話を調印後の幕閣の動きに戻す。

二十日、井上と岩瀬は帰府して委細を報告したことというまでもない。井伊はそれを家定に言上、二人の間にどのような話があったか誰も知らないが、翌二十一日、堀田と忠固は将軍より出仕を罷めるよういい渡される。

一方、朝廷に対し調印の報告を伝奏広橋大納言、万里小路《までのこうじ》大納言宛、宿次《しゅくつぎ》奉書をもって送った。その文中調印のやむを得ざる状況を次のようにいう。

事前に朝廷に知らせ、そのお許しを得てすべきであったが、アメリカをはじめ英仏露、十数隻の軍艦がすでに日本領土内に来航し、

……忽ち兵端を開き、万々一清国の覆轍を践み候様の儀出来候ては、容易ならざる御儀に付、井上信濃守、岩瀬肥後守、神奈川において調印、使節へ相渡候。誠に拠無き御場合に付右様の御取計には相成候共……（『外国関係文書』之二十、二十三）

このあと沿海警備充実に努め、叡慮を安んじられるようにとの将軍の思召で、京都、大坂、兵庫、堺等の警衛を、西国、中国の諸侯に命じたという内容である。

二十二日、井伊は諸侯を殿中に召し、老中久世広周《ひろちか》から調印の経過を達示させた。その内容は右の朝廷へのものと同じである。

この日、井伊たちは下城の途中、西城下の内藤紀伊守信親の邸に会して、堀田、忠固の罷免を議し夜に入って散会した。

二十三日、出仕を取り止められていた堀田と忠固の代人に対して、

思召これ有り候に付御役御免、帝鑑の間席これ仰付けらる。（『外国関係文書』之二十、二三三）

旨達せられ、同日、太田備後守資始《すけもと》、間部《まなべ》下総守詮勝《のりかつ》、松平和泉守乗全《のりやす》の三人が老中に任ぜられた。

この日、慶喜は田安慶頼とともに登城して、条約調印の違勅、宿次奉書の不敬を老中になじった。

つづいて二十四日、徳川斉昭はその子慶篤、尾張中納言慶勝とともに不時登城、慶永も別に登城し、ともに違勅、不敬に抗議したが、これを予期していた井伊にかわされ、散々待たされた上、退けられた。

二十七日、大広間の諸侯も連署上表して違勅を非難し、この日京都に届いた宿次奉書を伝奏より奏聞された天皇は逆鱗、近衛忠煕《ただひろ》、鷹司輔煕《すけひろ》、一条忠香《ただか》、三条実万《さねつむ》を召し、関東より三家または大老を召還することに決する。

二十八日、天皇は関白尚忠《ひさただ》はじめ右の諸公を召して譲位の内意を示したが、尚忠の必死の諫奏により思いとどまり、右の三家、大老の中より早々上京すべしとの折紙を幕府に送らせた。

井伊はこれを斉昭の内奏によるものと見て、断固処分の意志を固める。これが安政大獄の発端である。

七月二日、家定は病い重態となり、五日遂に薨じる。三十五歳。喪は発せず。なお慶福はこの前六月二十五日、継嗣として正式に発表されていた。

次の日六日から、斉昭、慶勝、慶永、慶篤、慶喜らに、幽閉、致仕、登城停止等の処分が台命として発せられ、幕末大動乱の幕が切って下される。それについては堀田は無関係であり、すでに詳細に伝えられていることでもあり省略したい。

堀田はこのあと再び朝に立つことはなかった。

翌安政六年九月六日、幕府より致仕の内命を受けて、家督を嗣子正倫《まさとも》に譲り、「見山」と号する。

この前月二十七日には、前年九月作事奉行に左遷されていた岩瀬が盟友永井とともに致仕蟄居を命じられている。一橋派一掃人事に「年長の人」慶喜を推す内旨を京都よりもたらした当事者、つまり連累として、堀田はとがめられたのである。

ところが三年後の文久二年（一八六二）十一月二十日、今度は朝廷より蟄居を命じられ、佐倉に帰った。今度は井伊に与したと見られての厳罰である。

このときは井伊の安政の大獄に対する報復人事で、このとき処分を受けた人々は堀田のほか次のとおりである。

削封
　彦根藩主　井伊直憲　十万石
　鯖江藩主　間部詮勝　一万石
　関宿藩主　久世広文　一万石
　平藩主　安藤信民　二万石
隠居謹慎
　元老中　間部詮勝
永蟄居
　元老中　安藤信正
蟄居

元老中　久世広周
蟄居
元所司代　酒井忠義

（『維新史料綱要』四）

ここに列記した人々の中では、堀田は久世と並んで単なる蟄居ではあったが、幕府と朝廷という相反目する二つの権威の双方からとがめられ罰せられるという、奇妙な晩年をすごすことになった。

そして二年後の元治元年（一八六四）三月二十一日、佐倉城内松山御殿において五十五年の生涯を閉じ、市内最上町甚大寺に葬られた。

同月二十九日、蟄居を免じられ、四月五日、喪を発した。

現存する墓碑には、故佐倉藩主侍従従四位下紀文明公墓とあるが、大正四年（一九一五）従三位を追贈されている。

当時の政府としてはせめてもの名誉回復であり、彼の本格的伝記で本書が多くそれによって来た斎藤守圀著『堀田正睦』が、千葉県内内務課より刊行されたのは、その七年後の十一年十一月で、以後その本格的伝記は出ていない。

その第三章逸事の冒頭に彼の風貌が描かれている。

正睦面色浅黒く、身体肥満にして弁舌甚だ巧みならず、性質温厚にして、喜怒色に形われず。思慮周密にして行止勢いに駆けられることなし。従って百事審案孰慮して後ち実行するが故に、往々因循姑息にして、勇断果決の資を欠くが如くに思惟するものなきにあらず。

されども正睦は決して因循にあらず、姑息にあらず、苟くも事の善なるを見れば、群言を排しても之を断行すると同時に、言の非なるを見れば衆議を退けても、之を峻拒するの風あり。一言にして之を評すれば『思慮周密にして、実行に敏なり』と謂うべきか。

思慮周密とはいえない、また実行に「敏」ともいえないケースがいくつかある。

自ら京都まで行って勅許を得ることに失敗したこと、ハリスの上府許可をなかなか決められなかったこと、二つの例がそれにあてはまる。

前のときはまったく思慮周密を欠き、あとのほうは井上に尻を叩かれてようやく決断したのであって、到底実行に敏とはいえない。

ところが、その失敗を結局親友井伊がすべてかぶってくれたこと、機敏な井上がいたことによって、堀田は救われているのであって、私はここに「天」の救いを感じざるを得ない。

堀田の持って生まれた「徳」といってもよい。

その「徳」あるいは「運」によって日本は救われたのだといってもよい。

今の日本にもそういう人が現われないだろうか、というのが私の思いでもあり願いでもある。

おわりに

安政五年（一八五八）六月一九日調印となった「日米修好通商条約」を、幕府はその翌日京師に奏《そう》聞《もん》し、二十二日諸侯に諭告したあと、二十三日、堀田正睦を老中松平忠固と共にその職を免じた。

この時期、幕府とは大老井伊直弼を指す。

勅許に失敗した堀田の処遇を、親友の井伊はいずれその責任をとつて老中首座を降りたあと、御幼主慶福の教育掛主任にと考えていたこと、既に述べた通りである。

それを二晩考えたあと、堀田を幕府外に追放したことは、これも本文の中で述べたように、あとのことは俺が引受けるとした決意の表れであった。非情のように見えて、実はそこに堀田への井伊の真情があったのだと、私は見たい。

こうして堀田が幕閣を去ったあと外交は誰に任せるか。その担当は形式的には老中太田備後守道醇であるが、すべての決定事項は井伊の意志にあったこと明らかである。

当面の問題として、アメリカと結んだ条約と同趣旨のものを他国とも結ばざるを得ない。ポーハタン号に続くロシア軍艦パラルダ号に搭乗の提督プチャーチン、長崎から上府してきたオランダ代表クルチュウス、それに上海から来航して先着のロシア、オランダ軍艦を追い越し、湾内深く錨を下ろしたイギリス代表エルギン伯爵等、みな条約調印を迫っていたからである。

七月八日、幕府は外国奉行を新しく設け、海防掛を廃した。軍事外交の実権を握っていた掛から軍事を奪い、外交のみを職掌としたのであった。新しく任命された五人の外国奉行は、水野《みずの》忠徳《ただのり》、永井《ながい》尚志《なおゆき》、堀利熙《ほりとしひろ》、井上清直《いのうえきよなお》、岩瀬忠震《いわせただなり》で、堀と井上はそれぞれ函館、下田奉行兼任であった。

こうして体制を整えた上で、日蘭、日露修好通商条約が七月十日、十一日と相次いで調印された。日本側委員は前者が永井、岡部、岩瀬。後者は永井、堀、津田、井上、岩瀬であった。遅れて十八日、イギリスとの条約が最短三回の交渉で調印された。このときは水野が首席として参加、五人の外国奉行が始めて顔を揃えた。残るフランスとの交渉は代表グロー男爵の来日が遅れ、交渉のあと調印は翌九月三日におわった。

井伊が大老となった直後、鵜殿、永井と共に「あの田舎者に何ができるか」と閣老に抗議した岩瀬を、井伊はすぐには更迭せず、外国関係が安定した九月五日、真っ先に実行したのであった。七日、京都において梅田雲浜が逮捕され、この日から安政の大獄がはじまった。堀田もその余波をあとで受けたこと、前に触れた通りで、ここでは繰り返さない。

それより、日米修好通商条約成立の重要なモメントとなった、ハリスと井上の友情についてここで触れおきたい。

二年前、太平洋の彼方アメリカから遥か下田に来日、総領事館とした玉泉寺に星条旗を掲げた直後、現地奉行として井上が江戸から赴任してきた。その時の物々しい行列を見てきた部下の話を聞いてハリスは、「猛犬」のような顔付きの井上を相手にこれから交渉しなければならないのかと、ウンザリした気持を日記に書いたが、話し合いを重ねるうちに互いに親しみを増した。青少年期の共通した境遇が二人を結び付けたからである。

二人がそれぞれ日本、アメリカを代表とする外交官となるまでの途は決して平坦ではなかった。アメリカ東部の名門大学、江戸湯島の昌平黌などの、いわゆるエリート校とは共に縁がなかった。家が貧しかったからである。

安政四年の暮、日米間の交渉が始まった頃には、二人は二人だけで自由に話せた。言葉の壁も、森山多吉郎、ヒュースケンという抜群の通訳のお蔭で何の妨げにもならず、互いの意思疎通は完璧であった。異人との交渉には必ず立会った小人目付も、井上には無用であったからで、十三回の公式「談判」の他に、井上が早朝単身でハリスの宿を訪ね説得したとき、今日の日米外交は始まったといっても過言ではない。

明治四年十一月出帆の岩倉遣外使節団が訪米のとき、ハリスを表敬訪問している。ハリスは何よりもまず、「東海の知友」井上の消息を聞いた。彼は慶応三年十二月、江戸北町奉行現職のまま激務に斃れたのであったが、当時を偲ぶハリスの言葉を随員の田辺太一と、福地源一郎がそれぞれ『幕末外交談』、『幕末政治家』の中で書いてる。田辺のそれを、左に引用したい。

当時、井上、岩瀬の全権は、綿密に逐条の得失を審議し、そのために条約の草案は塗りつぶされ、改竄《かいざん》され、完膚なきまでにいたり、あるいはその主意をさえ移動させたことがあったほどである。

それらについては、当時の日本の国勢や人情から見て、行うことのできないのを諒解したので、予（ハリス）もあえて抗論せず、殊俗（異俗）異習の国民と交際を結ぶには、互いに譲るところがなくてはならないのは、当然の理であると思い、まげて日本全権の意に副ったことも少なくはなかった。

ことに輸出入物の税率のことに至っては、予の持論である自由貿易の本則にそむいて、日本のために関税の収益を多くしようとはかり、二割平均の税を定め、ものにより重いものは三割五分までの税を課し、なお日本の有司が経験を積んだ上で、税率の改正ができるような余地を残して、五年後に貿易の規約を再締結できる予約さえもしたのは、なおその税率を高めて、ますます収益の多いようにしようとした、心組みからであったが、国内不穏のため種々の故障を生じ、いよいよ改められて、いよいよ薄く、ついに五分平均の税を課すようになったと聞いている。

初め予は、英仏の使節が日本へ渡来する以前に、条約の調印をするように促進したが、これは畢竟、英仏が清国戦勝の余韻に乗じて日本を恫喝し、清国を例に不利の条約を結ぶことを心配したからだ。輸出入物の税率と、アヘンの輸入は、与の最も警戒するところであった。ところがせっかくの用心もその甲斐なく、わずか数年ならずして、税率も清国と同一に帰したことは遺憾である。

そして田辺は「これで、その当時、理も非もなく、ハリスの言うがままに条約を結んだのではないことがわかる」と二人の努力を高く評価している。

ハリスを悩ました二人の硬軟両様、絶妙コンビを存分に動かしたのは老中首座堀田正睦であったこと、最後に繰り返しておきたい。

次に、私が何故堀田の伝記を書くに至ったのかを、一言しておきたい。

これを勧めて下さったのは、東大文学部教授のころから、幕末史について何かと教えて頂いていた伊藤隆先生である。

ちょうど『幕末五人の外国奉行』(中央公論社)が出たあとで、『開国への布石』(未来社)を執筆中であった。これは鎖国を解いてペリーと和親条約を結んだときの宰相、阿部正弘の伝記である。さらに進んで欧米列強と条約を結び貿易を通じて国富を図ることを阿部は宣明していたが、二年後に劇務に倒れた。自身それを予知していたと思われる阿部が、安政の大地震の直後、堀田を招き老中首座を譲った。

こういう経緯は当時私も知っていたから、そのあと日米修好通商条約を結んで自由に欧米諸国と貿易する、つまり阿部の意志を実現した堀田のことを書いてみたい、書くに値すると思ってお引き受けしたのであった。

ただ堀田自身については何かボヤッとした印象で、特に興味があった訳ではない。前二著に続いていわば「開国三部作」を完成させたい、そこで私の仕事も打ち切りにしたい、と思ったのである。

その後の経過はまことに遅々として語るに忍びないというのが正直のところ実感である。以来、五年を費やし八十の坂を越え、ようやく刊行に漕ぎつけた。それができたのは一に宮地正人先生のお蔭である。

特に堀田について調べるようになって、先生の講演をまとめた『堀田正睦没後一三〇年記念　堀田正睦と幕末の政局』(佐倉城研究会)を読み、先生の堀田の人物事蹟に深い関心を持っておられるのを知った。その故か私の最初の原稿を、国立歴史民俗博物館館長に就任されて間もないご多忙の折、通読して下さり、訂正すべき幾つかの箇所をご指示下さった。特にハリスと二人の「談判」の経緯については、詳しく書き直すようにご注意を受けた。その箇所を私は、文字通り一字一句読み直した上で書き直したのが本書であり、さらに刊行に当たって、推薦の序文を頂き、何とお礼申し上げてよいのか、言葉もないのである。

「錦上花を添う」のごとく、堀田の潔い生涯へのこの上ない餞《はなむけ》として、有り難く頂いた次第である。ただここに残念なのは、正睦の曾孫正久氏が、本書の刊行を目前に亡くなられたことである。しかし、旧朋安達倭木氏の案内で入院先の病床を見舞うことができた。正久氏は、刊行間近なのを知って相好を崩されたのが、私にとってせめてもの慰めである。

また、本書の刊行に当たって国書刊行会を紹介下さった佐倉高校の外山信司先生に厚く御礼申し上げたい。先生は本書の執筆当時、千葉県史料研究財団におられ、堀田について種々の史資料を提供して下った上、今回それを含む年譜・文献一覧をまとめて頂いたのである。そのご親切、ご手数に衷心より感謝申し上げたい。更に、本書刊行をお引き受け頂いた国書刊行会の佐藤今朝夫社長、編集の労をとって頂いた力丸英豪氏に、お礼申し上げる次第である。

最後に、この十二年間執筆に専念できたこと、家内雅子に感謝したい。

平成十五年三月

土居良三

堀田正睦関係略年譜

（注）年齢は満年齢で記した。

文化 七年（一八一〇）	八月 一日	佐倉藩主堀田正時の子として、江戸数寄屋橋御門内の上屋敷で生まれる。母は正時の側室源田芳《よし》。幼名は「左源治」。
文化一四年（一八一七）	三月一三日	藩主正愛《まさちか》より「正篤《まさひろ》」という実名を与えられる。渋谷広尾台の下屋敷に移る。［六歳］
文政 七年（一八二四）	一二月二八日	正愛に嫡子なく、その養子となり、左源次と改む。［一四歳］
文政 八年（一八二五）	三月 八日	堀田家の家督を継ぎ、佐倉藩主となり、帝鑑間詰を命ぜられる。
	四月 一日	将軍家斉に初御目見得。
	一二月一六日	従五位下に叙せられ、「相模守」となる。［一五歳］
文政 九年（一八二六）	九月 三日	江戸を発して翌日佐倉着。初の入国。［一六歳］
文政一二年（一八二九）	四月一二日	幕府の奏者番となる。［一八歳］
天保 四年（一八三三）	一一月一六日	渡辺弥一兵衛を登用して「佐倉藩天保改革」に着手。［二三歳］
天保 五年（一八三四）	八月 八日	寺社奉行を兼ね、受領名を「備中守」と改める。［二四歳］
天保 七年（一八三六）	一〇月二三日	従来の藩校「温古堂」を改組・拡充して「成徳書院」を開学する。［二六歳］
天保 八年（一八三七）	五月一六日	大阪城代となり、従四位下に叙せられる。［二六歳］

天保　九年（一八三八）　七月　八日　江戸城西丸の老中となり、加判に列する。
天保一二年（一八四一）　二月二七日　「子育教諭論」を布告し、領民に間引きを戒める。〔二七歳〕
天保一四年（一八四三）　三月二三日　江戸城本丸の老中になり、老中首座水野忠邦を中心に幕府が着手した「天保の改革」に参与する。〔三〇歳〕
閏九月　八日　水野忠邦と意見が合わず、老中職を辞任するも特に溜間詰格を命ぜられる。この年、蘭医佐藤泰然が佐倉に移り、蘭医学塾「順天堂」を開く。〔三三歳〕
弘化　二年（一八四五）　一一月二五日　室榊原遠江守政令女没す。〔三五歳〕
嘉永　六年（一八五三）　六月　三日　ペリー率いるアメリカ艦隊、浦賀に来航。老中首座阿部正弘に和親貿易を進言。〔四二歳〕
安政　元年（一八五四）　一月一一日　ペリー艦隊再び来航し、横浜本牧沖に現れる。〔四三歳〕
三月　三日　幕府、日米和親条約（神奈川条約）に調印。
安政　二年（一八五五）　一〇月　二日　安政の大地震により、江戸上屋敷にて負傷する。〔四五歳〕
一〇月　九日　阿部正弘の推挙によって老中首座となり、勝手方を兼ねる。
安政　三年（一八五六）　七月二一日　アメリカ総領事ハリス、下田に着任する。
八月　五日　ハリス、下田に上陸し、玉泉寺を宿舎とする。〔四六歳〕
一〇月　一日　将軍家定に島津家から篤姫が輿入れするに当たり、「篤」の字をはばかって「正睦」と改名する。
一〇月一七日　外国事務取扱となる。
一〇月二〇日　貿易取調掛の長となる。

安政　四年（一八五七）

一〇月一八日　ハリス、江戸の佐倉藩邸を訪れる。［四七歳］

一〇月二一日　ハリス、江戸城で将軍家定に謁見し、大統領ピアースの親書を呈する。

一〇月二六日　ハリス、江戸の佐倉藩邸を訪問し、正睦と会談する。

一二月　二日　ハリス、佐倉藩邸を訪問し、正睦と会談する。

安政　五年（一八五八）

一月　八日　幕府、正睦に上洛を命ずる。［四七歳］

一月一二日　日米修好通商条約案のすべてを議了。

一月一五日　上洛にあたり、川路聖謨・岩瀬忠震らと登城、将軍家定に拝謁する。

一月二一日　江戸を発し、京都へ向かう。

二月　五日　京都に到着し、本能寺を宿舎とする。

二月　九日　参内し、孝明天皇に日米修好通商条約締結の勅許を請う。

以後、二か月にわたり朝廷側と交渉するが、勅許は得られず。

四月　五日　正睦ら、京を発して江戸への帰途につく。

四月二〇日　江戸に帰着。

四月二一日　登城し、将軍家定に拝謁する。

四月二三日　彦根藩主井伊直弼、大老に任ぜられる。

四月二四日　ハリスを招き、条約調印の延期を要請する。

五月　六日　条約調印の困難を伝える大統領ピアースあての将軍の親書

六月一九日　を、ハリスに交付する。

安政　六年（一八五九）　六月二一日　下田奉行井上清直・目付岩瀬忠震、ハリスと日米修好通商条約・貿易章程に調印。

六月二三日　正睦の登城が停止される。

六月二五日　正睦、老中職を罷免され、帝鑑間詰を命ぜられる。

将軍家定、和歌山（紀州）藩主徳川慶福を継嗣に定める。

九月　六日　幕府より致仕の命を受け、家督を嫡子正倫に譲る。「見山」と号する。［四九歳］

文久　二年（一八六二）　一一月二〇日　蟄居を命ぜられ、佐倉に帰る。［五一歳］

元治　元年（一八六四）　三月二一日　佐倉城三ノ丸の松山御殿で没す。甚大寺に葬られる。法号は「文明院殿見山静心哲恵大居士」。［五三歳］

三月二九日　蟄居を免ぜられる。

大正　四年（一九一五）　一一月　従三位を追贈される。

＊本年譜作成に当たっては、檀谷健蔵「堀田正睦と日米修好通商条約　付堀田正睦外交関係年表」（『千葉縣史料　近世篇　堀田正睦外交文書』）、木村礎他編『藩史大事典　第二巻　関東編』、佐倉城研究会編『堀田正睦と幕末の政局』等の先行研究を参照し、土佐博文氏のご協力を得た。（**外山信司**）

参考文献一覧

『文明公御事蹟』　（財団法人日産厚生会佐倉厚生園蔵、佐倉市寄託）

『文明公記』　（財団法人日産厚生会佐倉厚生園蔵、佐倉市寄託）

『堀田正睦』　千葉縣内務部　昭文堂　大正一一年（復刻　千葉県郷土資料刊行会　昭和四七年四月）

『近世日本国民史　堀田正睦（一）〜（四）』　徳富蘇峰　講談社学術文庫（講談社）
昭和五六年二月〜三月

『堀田正睦外国掛中書類』　（東京大学史料編纂所蔵　『千葉縣史料近世篇　堀田正睦外交文書』所収）

『孝明天皇紀』第二　先帝御事蹟取調掛　（復刻　平安神宮　昭和四三年七月）

『逸事史補』　松平春嶽　松平春嶽全集編纂刊行会　（復刻再版　原書房　昭和四八年四月）

「四維説」　渡辺弥一兵衛　（『堀田正睦』所収）

『千葉縣史料　近世篇　堀田正睦外交文書』　千葉県　昭和五六年三月

『千葉縣史料　近世篇　佐倉藩紀氏雑録』　千葉県　昭和五九年三月

『千葉縣史料　近世篇　佐倉藩紀氏雑録続集』　千葉県　昭和六〇年三月

『大日本古文書　幕末外国関係文書』之十五〜之二十　東京帝国大学史料編纂所
大正一一年〜昭和五年一月（復刻　東京大学出版会　昭和四七年九月）

『維新史料綱要』巻二　維新史料編纂事務局　昭和四二年三月

『大日本維新史料　類纂之部　井伊家史料』五　東京大学　昭和四二年三月

『昨夢紀事』二　中根靱負　（復刻　東京大学出版会　昭和四三年）

「旧雨書簡」（『木村芥舟とその資料』所収）　横浜開港資料館　昭和六三年三月

『嘉永明治年間録』　吉野真保　（写本・内閣文庫）

『勝海舟全集　別巻　来簡と資料』　勝海舟全集刊行会（代表・江藤淳）編　講談社　平成六年四月
『橋本景岳全集』二　（復刻　東京大学出版会　昭和五二年九月）
『阿部正弘事蹟』　渡辺修二郎　東京堂　明治四三年一〇月
『ハリス日本滞在記』上中下　坂田精一訳　岩波文庫（岩波書店）昭和二八年一一月〜昭和二九年一〇月
『順天堂史　上巻』　学校法人順天堂　昭和五五年五月
「幕末名士小伝」　木村芥舟　稿本（未刊）
『江戸時代史　下』　三上参次　講談社学術文庫（講談社）　平成四年一〇月
『ハリス伝』　カール・クロウ　田坂長次郎訳　東洋文庫（平凡社）　昭和四一年二月
「佐倉堀田家第九代　堀田正睦の幼少年期―ご厄介時代―」　堀田正久
（「千葉県の歴史」二九号）　昭和六〇年二月
「厄介丸と朝日丸」　堀田正久　（「海事史研究」四一号）　昭和五九年一〇月
『堀田正睦（文明公）没後一三〇年記念　堀田正睦と幕末の政局』　宮地正人他
佐倉城研究会　平成六年八月
『木村礎著作集第三巻　幕領と大名』　木村礎　名著出版　平成九年三月
『蘭医佐藤泰然―その生涯とその一族門流―』　村上一郎　房総郷土研究会　昭和一六年六月
（復刻　佐藤泰然先生顕彰会　昭和六一年四月）
『幕末五人の外国奉行』　土居良三　中央公論社　平成九年七月
『開国への布石』　土居良三　未来社　平成一二年八月

著者紹介

土居良三（どい・りょうぞう）

1921年（大正10）、東京生まれ。

1944年、東京帝国大学法学部政治学科卒業。43年、在学中応召、横須賀第二海兵団入団。44年、海軍経理学校卒（短現11期）。45年、復員。1950年〜68年、片倉工業株式会社勤務。68年〜91年、株式会社テキスタイル・コンサルティング代表取締役。

主著書　『咸臨丸海を渡る』（未来社、第六回和辻哲郎文化賞受賞）、『軍艦奉行木村摂津守』（中公新書）、『幕臣勝麟太郎』（文藝春秋）、『幕末 五人の外国奉行』（中央公論社）、『開国への布石』（未来社）。

評伝 堀田正睦

平成15年4月15日　初版印刷
平成15年4月25日　初版発行

著　者　土居良三
発行者　佐藤今朝夫

〒174-0056 東京都板橋区志村 1-13-15
発行所　株式会社　国書刊行会
TEL 03-5970-7421　FAX 03-5970-7427
http://www.kokusho.co.jp

ISBN 4-336-04524-0　　印刷・山口北州印刷㈱　製本・㈲青木製本